新时代职业教育课证融通新形态一体化教材

中职生劳动教育实践教程

主　编　邓克芳　蒋学军　冷响林

副主编　王慧君　丁　净　徐志宏

参　编　胡奇伟　黎　明　雷凯岚　汤伏南

西北工业大学出版社

西安

【内容简介】 本书面向中等职业学校,从实用角度出发,系统阐述了新时代劳动教育的相关知识,旨在帮助学生树立正确的劳动观念,培养其实践能力。本书共七个单元,分为劳动理念篇、劳动境界篇和劳动实践篇。其中,劳动理念篇主要介绍劳动价值、劳动法律和劳动品质,劳动境界篇主要介绍学习劳模精神和弘扬工匠精神,劳动实践篇主要介绍家庭校园劳动和社会服务劳动。另外,本书还设计了劳动周/月专题活动。本书内容涵盖全面,着重强化劳动观念,弘扬劳动精神;强调身心参与,注重手脑并用;继承优良传统,彰显时代特征;发挥主体作用,激发创新创造。

本书既可作为中职院校劳动教育课程的教材,也可作为社会各界人士进行劳动教育实践的辅导读物。

图书在版编目(CIP)数据

中职生劳动教育实践教程 / 邓克芳, 蒋学军, 冷响林主编. -- 西安 : 西北工业大学出版社, 2024.8.
ISBN 978-7-5612-9445-1

Ⅰ. G40-015

中国国家版本馆 CIP 数据核字第 2024WK6335 号

ZHONGZHISHENG LAODONG JIAOYU SHIJIAN JIAOCHENG
中 职 生 劳 动 教 育 实 践 教 程
邓克芳　蒋学军　冷响林　主编

责任编辑:李文乾	策划编辑:李　萌	
责任校对:陈　瑶	装帧设计:薛静怡	

出版发行:西北工业大学出版社

通信地址:西安市友谊西路 127 号　　邮编:710072

电　　话:(029)88491757,88493844

网　　址:www.nwpup.com

印 刷 者:河南理想印刷有限公司

开　　本:889 mm×1 194 mm　　1/16

印　　张:10.5

字　　数:302 千字

版　　次:2024 年 8 月第 1 版　　2024 年 8 月第 1 次印刷

书　　号:ISBN 978-7-5612-9445-1

定　　价:37.80 元

前言　PREFACE

2018 年 9 月，习近平总书记在全国教育大会的讲话中强调："要在学生中弘扬劳动精神，教育引导学生崇尚劳动、尊重劳动，懂得劳动最光荣、劳动最崇高、劳动最伟大、劳动最美丽的道理，长大后能够辛勤劳动、诚实劳动、创造性劳动。"可以说，劳动是人类社会存在和发展的基本条件。劳动创造世界、改变未来，同时也改变劳动者自身。党的二十大报告指出，教育要"培养德智体美劳全面发展的社会主义建设者和接班人"，劳动教育是现代化的技能型人才培养过程中必不可少的一环，其重要性日益凸显。

本书根据中等职业学校培养高素质高技能人才的任务，结合党的二十大报告对教育事业和人才培养提出的要求，遵循人才成长规律，从劳动理念、劳动境界、劳动实践三方面安排教学内容，着力帮助学生树立正确的价值观念，掌握必备的劳动技能，培养积极的劳动精神，养成良好的劳动习惯。

本书内容丰富、结构合理、实践性强，主要具有以下四个特点。

1.立足素养导向，重视价值引领

将价值观教育与学科知识融合，准确把握新时代劳动教育的内涵和方向，引导学生树立正确的劳动观，崇尚劳动、尊重劳动，突出奋斗精神和奉献精神，强调劳动的社会价值和个体价值相统一。立足职业教育高素质劳动者和技术技能人才的培养目标，强调劳动为人民服务的社会价值，引导学生通过自身劳动为社会发展做出贡献。

2.精准定位课程，体现时代内涵

围绕培养担当民族复兴大任的时代新人，将劳动教育内容主题化、体系化、案例化，体现科学性、整体性、拓展性、开放性，实现通识性与专业性相融合、理论与实践相结合。适应科技发展和产业变革，借助专题建构，系统搭建学科知识，体悟新时代劳动的新内涵。

3.注重实践性，展现劳动风采

面向真实的生活情境和职场环境，从学生日常生活、校园活动入手，设计不同的实践活动，为劳动教育实践提供具体抓手，让学生获得有积极意义的价值体验。实践活动模块设计围绕中等职业学校的教育特点，由简至难、由内至外，以阶梯式呈现，充分利用职业学校校内、校外资源优势特点，使得劳动实践具有普遍操作性。

4.注重学段衔接，彰显职教特色

有效对接义务教育学段及高等学校劳动教育课程内容，体现中等职业教育育人目标及教学特点。结合专业人才培养要求，培育学生精益求精的工匠精神和爱岗敬业的职业态度，使其提高职业技能水平，同时解决劳动观念不强、劳动意愿不高、劳动能力不足、专业技能训练不够、劳动安全和环境保护意识薄弱等问题。

在编写本书的过程中,参考了大量的资料和文献,广泛借鉴了国内众多专家、学者的研究成果,在此对这些作者表示衷心的感谢!

由于水平有限,书中难免存在疏漏和不足之处,敬请广大读者批评指正,以便以后不断修改和完善。

编　者

2024 年 6 月

目 录

CONTENTS

劳动实践篇

劳动理念篇

第一单元

劳动价值

要开展以劳动创造幸福为主题的宣传教育，把劳动教育纳入人才培养全过程，贯通大中小学各学段和家庭、学校、社会各方面，教育引导青少年树立以辛勤劳动为荣、以好逸恶劳为耻的劳动观，培养一代又一代热爱劳动、勤于劳动、善于劳动的高素质劳动者。

——2020年11月24日，习近平总书记在全国劳动模范和先进工作者表彰大会上的讲话

学习目标

- 了解劳动的意义。
- 了解劳动教育的主要内容。
- 明确劳动教育的意义和目标。
- 理解职业学校劳动教育的意义。

🏃 劳动榜样

"硬核"青年蔡春波

1998年出生的蔡春波从小就对光与火情有独钟、充满好奇,小时候在村里只见过焊工、瓦工这些传统工种,认为工人有技术、能养家,学一门技术一定行。抱着这样的想法,2016年,他选择了焊接专业。

把实际操作训练列出时间表,自己给自己加压练习。经过连续几个月的努力和层层选拔,2016年年底,蔡春波正式成为焊接技能训练组的一名成员,在教练带领下开始技能训练。开始后,他才感受到训练的过程是非常严格甚至是痛苦的,这个18岁的男生,时常与汗水、泪水甚至烫伤、化脓、流血相伴,但是他没有后悔,反而更加坚定信心、坚持训练,每天比别人多干两小时,这是他对自己的要求。

2019年毕业季,有许多企业对蔡春波发出邀请,而他就两个要求,一是去个好企业,二是找个好师傅。怀着投身国防事业的梦想,蔡春波来到内蒙古第一机械集团有限公司瑞特工模具公司成为一名焊接操作工。

工友眼里的"小蔡"身材略显单薄,看起来腼腆内向,但寡言、年轻的他深知勤能补拙的道理,自从能独立完成焊接任务以后,蔡春波就为厂里焊一些工具箱和简单的工装夹具,即使是简单活,他也焊得非常认真,因为这是一个练习和提高的过程,每一个焊口他都认真对待,平整的焊口和飞溅的焊花记录了他的每一次成长。

一次,公司研制某轻型无人驾驶车辆,选用高强度、抗腐蚀性都优于普通装甲钢的7系铝合金,但焊接性能特别差,导热速度快,极易产生焊接热裂纹,焊接过程中必须依靠加热平台持续加热。由于平台温度高,蔡春波无法直接站立在上面,为了完成任务,他脚下踩着木头进行焊接。母材的降温速度极快,必须焊完一整台车之后才能休息,蹲、仰、卧、跪……十几个小时里,蔡春波一口水也顾不上喝,厚厚的工衣,密不透风的焊帽,他与噪声、弧光、高温为伴,一鼓作气、保质保量干完自己的工作,为接下来的工序节省了宝贵的时间。

"焊花"才露尖尖角,勇毅前行正当时。这位手持焊枪的2022年内蒙古自治区劳动模范"硬核"青年,说起对未来的设想时神情淡然却充满坚定:他要让焊花飞溅的青春持续燃烧,在实现个人梦想、助力强军首责的赛道上奋力奔跑,用最好成绩回报时代。

(资料来源:秦新宇.蔡春波:"焊花"才露尖尖角 勇毅前行正当时[EB/OL].(2022-05-05)[2024-05-24].https://www.baotounews.com.cn/p/786997.html.)

第一课 认识劳动

一、劳动是创造一切财富的源泉

劳动是人类创造物质财富和精神财富的活动,是人维持自我生存和自我发展的唯一手段。人类所需要的一切,都是通过劳动创造出来的。一部人类史,就是一部劳动史。自然界不会自己形成社会生产力,自然界没有创造任何机器,没有制造机车、铁路、电报等,这些都是人类劳动的产物,是劳动力量的体现和延伸。通过劳动,人类不只是简单地得到自然物,而是对自然物进行加工,改造其形状、性质,改变其位置,使其更加适合人类的各种需要,把"自在自然"转变成"人化自然"。人类要世代生存和发展下去,就必须不断地进行生产劳动。人类通过劳动谋取自己生存和发展所必需的物质资料,首先要解决吃、喝、住、穿等问题,在此基础上,才能从事政治、科学、艺术、宗教等活动,人类的国家观念、法律观念、艺术以及宗教观念,都是在这个基础上发展起来的,从而形成了丰富多彩的精神财富。因此,不论是物质财富,还是精神财富,都源于人类的辛勤劳动。

二、劳动没有高低贵贱之分

古有士农工商,今有农民、工人、教师、科学家、外卖员、程序员、电子竞技员、人工智能工程技术人员、职业经理人等。随着社会分工的不断细化,不同形态的劳动层出不穷。但无论是传统劳动还是新型劳动,简单劳动还是复杂劳动,生产性劳动还是消费性劳动,每一种劳动都有其独特的价值和意义,都是促使社会正常运转、不断发展的动力。劳动没有高低贵贱之分,只有社会分工的不同。

有人说,当农民太辛苦,当工人不太体面而且挣钱少……实际上,真正决定一份工作价值的,是人们对它的看法和态度。每个行业出色的人都有一些共同的特点,他们坚持把本职工作做好、做精,他们追求自身成长,他们追求工作的成就感、价值感,他们值得所有人学习和尊敬。

三、劳动的价值

劳动,让人们的生活变得色彩斑斓。无论从事哪个行业,只要付出了劳动,都会有相应的收获。因此,劳动不仅创造价值,也能提高人们的幸福指数。

(一)劳动可以净化心灵,增强人们的体魄

劳动能够强身健体,为人类的健康打下良好的基础。劳动能使人心情舒畅、精神愉快,增强对生活的热爱。劳动能够磨砺人的心智,使人的毅力更坚韧,做事更有恒心和定力。劳动还可以开发大脑,提高人的灵敏度。

(二)劳动可以创造物质,满足人们的需求

物质由劳动创造,是人类赖以生存的基础。人类在世界上,最基本的目的是生存,人活着需要物质生活,只有劳动才能使人自食其力,创造满足人类所需的一切物质。人类的劳动是为谋生,掌握谋生的本领,创造更加美好的生活。

(三)劳动可以创造财富,绘就精彩的人生

劳动是财富的源泉,是打开财富之门的金钥匙。唯有勤勉踏实的劳动,才能体现个人价值,才能牢牢托起一个又一个致富的梦想,才能推动社会进步。劳动创造财富是永恒的真理,劳动创造的财富不浮躁、不奢华,是真正建立在牢固基础上的财富。劳动是永不褪色的旗帜,这面旗帜指引我们创造幸福美丽的人生,铸造美丽的社会主义生活。

四、新时代劳动的新内涵

"辛勤劳动、诚实劳动、创造性劳动",既是满足人民日益增长的美好生活需要的客观要求、实现人的自由全面发展的现实路径,也是建成富强民主文明和谐美丽的社会主义现代化强国、实现中华民族伟大复兴的必然选择,更是参与激烈竞争的必由之路。

(一) 辛勤劳动

人生在勤，勤则不匮。辛勤劳动是诚实劳动、创造性劳动的基本前提。辛勤劳动，既有"辛"也有"勤"。新时代，辛勤劳动包括勤学和勤劳两方面的内容。

勤学，强调的是锐意进取、勤勉为人。一名劳动者要想有所作为，就应当树立终身学习理念，立足岗位，增强自身综合素质、增长新本领，不断更新自我，积极应变，主动求变，与时俱进。

勤劳，强调的是脚踏实地、奋发干事。回溯历史，任何一点进步、任何一次成功都是由人类的艰苦奋斗、辛勤劳动创造出来的。越是美好的未来，越需要我们不畏艰辛、不辞辛苦地创造。新时代面对各种新挑战，需要我们笃行不怠，勇毅前行。

(二) 诚实劳动

诚实劳动是辛勤劳动的延伸和表现，是创造性劳动的重要前提。诚实劳动，是指劳动者以积极、实干、诚信的态度为他人和社会提供产品、服务，合法合理劳动，在不违反法律法规的前提下从事道德的劳动。

要做到诚实劳动，我们需要从以下方面入手：一方面，应对所从事的劳动必备的知识、技能、技巧有正确认识，对自身劳动素质进行理性判断并做出合理的自我定位；另一方面，立足岗位，踏实劳动，求真学问，练真本领。同时，实事求是地对待劳动成果，摒弃虚假之风，反对一切不劳而获和投机取巧的思想，积极弘扬劳动精神、劳模精神和诚信文化，依靠诚实劳动实现人生梦想。

(三) 创造性劳动

创造性劳动是理解未来社会发展的关键。所谓创造性劳动，是指人类充分利用劳动技能、科学知识，通过技术、知识、思维的创新，创造新的生产条件、方式、劳动成果和社会需求的劳动。它建立在开放性思维和挑战性实践的基础上，是不断探索创新的过程。

创造性劳动，是新时代建设创新型国家的发展战略需要，也是培养自由全面发展的人的内在要求。可以说，创造性劳动的本质是进取创新，创新关乎国家前途命运、关乎人民福祉，体现了中国人民的创造精神。

阅读故事

从沟壑到山巅：崔庆涛

2018年7月，云南17岁小伙崔庆涛以669的高分被北京大学录取，当邮递员将通知书交给他的时候，他正在村外建筑工地上搅拌砂浆。

崔庆涛老家在云南曲靖的一个偏远山村，家中有兄弟姐妹三人，当时弟弟上高二，妹妹上小学四年级。父母为普通打工者，一直在外县帮别人种大棚菜来贴补家用。

后来父亲回家照顾孩子，妻子为了赚更多的钱不得已只能留在外县，一家人过着异地分居的日子。赚来的辛苦钱不够全家人的开销，他们成了贫困户，崔庆涛和弟弟每学期因此能享受3 000元的补贴，这些钱直接打到饭卡上，可以解决兄弟俩的吃饭问题。

穷人的孩子早当家，崔庆涛从小就懂事，只要是假期，他和弟弟便跟着父母，凌晨3点起床，在大棚里撒鸡粪。

高考结束的两个月里，为补贴家用，他和父母在离家四五公里外的箐口塘打工，为一户人家新建的房屋做装修。正在他搅拌砂浆的时候，邮递员把通知书送到了他的身边。

在一个盛水的白色塑料大缸前,浑身是灰尘的崔庆涛弯腰把手洗净,然后在红色T恤上左擦右擦。随后,用干净的双手接过滚烫的录取通知书,这一刻是神圣庄严的。

（资料来源:王一迪,王启慧.崔庆涛:接到北大录取通知书时　在工地拌砂浆[EB/OL].(2018-07-27)[2024-05-24].http://edu.cnr.cn/list/20180727/t20180727_524313668.shtml.）

？ 思考

崔庆涛的故事告诉我们什么道理？体力劳动和脑力劳动哪种更重要？

第二课　劳动教育

一、劳动教育的意义和目标

2018年9月,习近平总书记在全国教育大会上明确提出:"要在学生中弘扬劳动精神,教育引导学生崇尚劳动、尊重劳动,懂得劳动最光荣、劳动最崇高、劳动最伟大、劳动最美丽的道理,长大后能够辛勤劳动、诚实劳动、创造性劳动。"这对劳动教育提出了新的更高要求。习近平总书记对"在学生中弘扬劳动精神"的指示主要有三个层次:一是积极引导,努力让学生崇尚劳动、尊重劳动,对劳动有端正的态度;二是持续教育,让学生懂得劳动最光荣、劳动最崇高、劳动最伟大、劳动最美丽的道理,对劳动有正确的认识;三是大力提倡,让学生长大后能辛勤劳动、诚实劳动、创造性劳动,为党、国家和人民做出更大的贡献,对劳动有具体的行动。

（一）劳动教育的意义

要努力"培养德智体美劳全面发展的社会主义建设者和接班人""培养一代又一代拥护中国共产党领导和我国社会主义制度、立志为中国特色社会主义奋斗终身的有用人才"。"有用人才"的一个重要特征就是具备劳动的素质,能够弘扬劳动精神、崇尚劳动、懂得劳动最光荣,能够辛勤劳动、诚实劳动、创造性劳动。

（1）重视劳动、强调教育与劳动相结合是马克思主义的重要主张。马克思主义认为,劳动推动社会历史进步,是人作为人之最本质、最显著的特征。马克思指出:正是在改造对象世界中,人才真正地证明自己是类存在物。人类创造历史,劳动开创未来。劳动是推动人类社会进步的根本力量,是人民美好生活的源泉。构建德智体美劳全面培养的教育体系,加强劳动教育,是回归人的本质、回归学生自身的主体性教育方式,能够帮助学生在自主实践中发现自我,通过双手改变和创造自己的生活。

（2）加强辛勤劳动教育,培养奋斗精神。《周易》中说:"天行健,君子以自强不息。"自强不息是中华民族的优良传统,是改善民生、创造人民幸福生活的重要保证。习近平总书记在《推进中国式现代化需要处理好若干重大关系》中指出，要"形成劳动创造财富、实干创造业绩、奋斗创造幸福的正确导向，防止轻视劳动、不劳而获、一夜暴富、坐享其成、消极躺平等不良思想滋长蔓延"。从一定意义上说，学生德行的养成、奋斗精神的培养始于劳动教育。学生在成长过程中能辛勤劳动并以此为荣，树立劳动最光荣、劳动最崇高、劳动最伟大、劳动最美丽的信念，这是教育的重点与方向。学生要从小主动辛勤劳动，践行孝敬父母、尊重老师、乐于助人，通过日积月累的劳动塑造正确的人生观、价值观。

（3）加强诚实劳动教育，培养诚信品质。所谓"诚实劳动"，在于敬业实干，热爱并踏实做好自己的工作，充分发扬工匠精神；还在于发乎本心，遵循天道。2019年，习近平总书记在纪念五四运动100周年大会上的讲话中指出："面对外部诱惑，要保持定力、严守规矩，用勤劳的双手和诚实的劳动创造美好生活，拒绝投机取巧、远离自作聪明。""诚者，天之道也。"每个人要从集体利益出发，不弄虚作假、消极怠工，要诚实劳动，遵守职业道德，学习并遵循社会发展规律，努力为国家社会经济发展做贡献。在诚实劳动教育的实践中，重在"诚"的品质的培养。

（4）加强创造性劳动教育，提高创造能力。建设中国特色社会主义现代化强国，要大力实施创新驱动发展战略，将经济发展与科技创新紧密结合。这对我国教育事业的发展提出了新的更高要求。通过提倡"创造性劳动"，重点培养一支专业技能过硬、自主创新能力强的新型劳动者队伍，以适应时代发展需要，实现教育、科技与经济三者协调统一发展。推动教育与劳动相结合，发挥劳动教育在人才全面发展中的重大作用，为国家人才培养、科技创新、经济发展提供强有力的力量。

（二）劳动教育的目标

（1）劳动教育的总体目标，是让学生具有创造幸福生活的能力。劳动教育是对学生进行人生教育的根本。只有劳动，人类才能生存、繁衍和发展；只有劳动，社会才能进步、繁荣和昌盛。开展劳动教育，就是要让学生懂得幸福的生活是基于辛勤劳动的。

让教育回归实际的劳动实践，如杜威和陶行知所主张的开设烹饪、缝纫、家用电器维修、农作物种植与培管等课程，这些与实际生活密切相关而又力所能及的操作，使学生的创造力被激活，使成长与生活紧密地联系起来了。劳动教育，不但要致力于观念培养，而且重在从劳动中体验生活的乐趣；培养一种现代"新生活"方式，将其推向社会，使学生获得持续创造美好生活的能力。

（2）职业学校的劳动教育目标，是培养与社会主义现代化建设要求相适应，德智体美劳全面发展，具有综合职业能力，在生产、服务、技术和管理第一线工作的高素质劳动者和专门人才。职业教育以培养各行各业的高素质劳动者为主旨，注重培养学生的从业技能，同时加强学生的创业意识与就业能力的培养，使学生具有较强的职业适应能力、职业变换能力和自谋职业的能力。

二、新时代劳动教育的使命

劳动教育在整个学校的教育体系中处于突出、重要的地位，它决定了劳动教育的自身课程体系建设应汲取德育、智育、体育、美育之精华，在劳动教育的载体上以德育中塑造的世界观、人生观、价值观为指引，充分发挥在智育中培养的专业技能，以体育中练就的顽强毅力和坚强体魄为基础，呈现美育熏陶下的劳动成果，尽情发展自身能力，在展现创造力的普遍性和连续性劳动中，真实体验劳动所带来的尊严感、幸福感和价值感。这体现了劳动可以树德、增智、强体、育美。但五育又各有侧重，不能彼此替代。德育侧重于解决学生"对世界怎么看"的问题，体现"善"的要求；智育侧重于开发学生"改造世界的能力"，体现"真"的要求；体育为学生"看世界、改造世界"提供身体机能支撑，体现"健"的要求；美育注重学生"看世界、改造世界"过程中的心灵塑造，体现"美"的要求；劳动教育侧重于用系统的科学知识与技能化的教育教学来加强劳动知识与技能的教育,为培养劳动态度、劳动习惯、劳动品德和劳动价值观奠定坚实基础,体现"实"的要求。将劳动教育与德智体美育并列,既是对劳动教育本身的有效加强,也是对德智体美育的有力支撑,劳动教育应该是完善人才培养目标、支持德智体美育的重要平台。

(一)劳动树德

1.劳动教育支撑职业学校立德树人的逻辑维度

在劳动教育发挥以文化人作用的具体实施层面,大体上是"以理服人、以情感人、以行带人"的传统思路。所谓以理服人,就是老师"晓之以理",做传道"经师",用讲道理和摆事实的方法进行劳动价值观的传递,解决受教育者的思想认识问题;同时老师还做立德"人师",引导学生树立正确的劳动价值观。所谓以情感人,就是老师对学生"动之以情",用真正为学生谋福利的情感去打动人的教学方法。所谓以行带人,就是老师"导之以行",通过各种传播途径用榜样的事迹感染人的一种教学方法,如校园里勤学苦练的励志传奇、向上向善的动人故事、刻苦努力的勤奋模范。老师通过"大国工匠进校园"等活动,大力宣传劳模故事,宣传大国工匠,让学生能够近距离感受工匠精神和劳模精神,这种方式的关键就在于用优秀的劳动品格影响人。目前,职业学校多角度、多层次地渗透劳动光荣、劳动伟大精神的校园文化建设已经成为新时代劳动教育的有效载体。

2.劳动教育在职业学校立德树人中的功能整合

劳动教育不是一蹴而就的,而是融于青少年成长成才的全过程。劳动教育具有鲜明的实践性特征,因此,劳动教育的有效开展既需要与人才培养体系有机匹配,又必须在现实中予以实施,从而实现对立德树人的支撑。

(二)劳动强智

1.劳动是发展青少年智力和能力的阶梯

灵敏的身体动作会促进大脑的发育。人在劳动时,信号从手传到脑,又从脑传到手,脑指挥手,手又丰富了脑,刺激了脑细胞,使大脑状态更加活跃。通过对动手操作能力的培养,不仅能够规范学生的实验操作,而且能够让学生通过具体的实验操作,增强对相关知识的理解和应用,从而构建更加完备的知识体系。

2.劳动是开发青少年思维能力和创造力的桥梁

十四五岁的青少年,想象力丰富,思维灵活,而且动手能力、实践应用能力强,具有丰富的创造力。通过擦、洗、修理、种植,认识纸、木、铁、铝等物质的性质、特点、用途等;做饭可以懂得烹调知识;修理手机可以了解电器知识;洗碗时,发现筷子漂浮、勺子下沉,从而懂得物理学的浮沉知识……在劳动中观察现象、感受知识,在劳动中解决问题、运用知识,这既可以丰富我们的知识,拓宽眼界,把书上的知识运用到实践活动中,又能够培养观察、分析、判断、创造的能力,促进逻辑思维和形象思维的发展,更有助于提高动手能力和学习能力。

随着科技进步,未来社会需要的是开拓型、创新型人才。而开拓创新,既需要动脑能力,也需要动手能力。只有在实践活动中,才能有所发现、有所发明、有所创新,才能具有敏锐的洞察力、质疑能力、辨识能力、善于思考和探索的能力。而只有参加劳动实践活动,才能把课堂、书本上学到的知识,应用到实践中去,创造性思维才能得到开发。总之,以劳启智是提高智力水平的有效途径。

(三)劳动健体

劳动在培养健康体魄上也起着必不可少的作用,是有助于青少年身体健康发展的重要方式。劳动能锻炼身体、增强体质,经常劳动可以锻炼肌肉筋骨,从而使肌肉结实、关节灵活。医学研究表明,劳动过程是多种生理器官协调活动的过程,有利于改善呼吸和血液循环,促进肌肉、骨骼的发育,促进身体各器官的发育。法国著名教育家卢梭认为,培养身心两健的人,必须在体力劳动中才能完成。

劳动在促进青少年身体正常发育、保证其健康成长等方面功不可没。适当的劳动,能促进青少年身体各器官的正常发育,能提高各器官功能和相互间的协调性;适当的劳动锻炼,能促进青少年的身高增长、体重增加,能强其体魄、增强体能。

劳动教育能够引导青少年树立健康生活的意识。青少年时期是长身体、长知识的关键时期,要劳逸结合,长时间使用大脑,大脑得不到放松,会使学习效率降低,而在紧张、繁重的学习之余,参加适当的劳动锻炼,能使大脑得到适当的调节、放松,从而提高学习效率。同时,在劳动中,学生能够逐渐培养卫生干净的良好生活习惯,自觉采取有益于健康的行为和生活方式,减轻、消除影响健康的危险因素,从而预防疾病,促进健康,提高生活质量。

(四)劳动育美

1.劳动发现美

美通过劳动表现出来,劳动发现美。青少年在劳动中形成发现美、鉴赏美的能力,从而提高审美能力和人文素养,培养健康的审美态度。通过劳动教育强化美育,以劳育美、以美育人,让青少年在劳动中感受美的各种形式,感受冷盘热炒的色香味俱全,感受手工艺品的款式各异,感受科技发明的精巧匠心,也让青少年明白"劳动不仅创造美,劳动本身就是美",明白辛勤耕耘、皮肤黝黑的农民最美,明白默默无闻、日晒雨淋的工人最美,明白坚守岗位、默默奉献的服务员最美。

在劳动中发现美、欣赏美,有利于青少年提高审美情趣,净化心灵。在劳动的同时,领略"采菊东篱下,悠然见南山"之美,审美经验丰富了,人文素养提高了,生活情趣自然而然地随之高雅起来。

2.劳动创造美

人是社会的主体、生活的主人,人不仅能够发现美、鉴赏美,而且希望能够表现美和创造美。凡是有人生活的地方,必然有美。人类社会一切美好的东西,都离不开人聪明的大脑和勤劳的双手。青少年思想活跃、情感丰富,对美好的事物有无限的憧憬和不懈的追求。在劳动实践中发现美、鉴赏美的同时,会创造出属于自己心目中的美,这种审美创造力的源泉和动力来自青少年的心理需要,它为青少年张扬个性提供广阔的空间,让青少年的情感得到释放、思维受到启迪,并通过思考与想象,把所领悟到的美用自己的双手表现出来。在劳动中创造美、体现美,能使青少年收获一种享受、一种鼓舞、一种慰藉,更能有效提高青少年的综合素质与社会实践能力,促进他们身心全面、健康地发展。

劳动与美紧密联系、不可分割。教育者应努力发现与利用劳动中的美育因素,培养青少年的审美能力,引导他们在实践中发现美、欣赏美、创造美、体验美。在求知中领略美,在实践中追求创新,通过对劳动美的感知、体验与追求,接受美的滋润和熏陶,使青少年成为具有一定审美创造能力的人,是当今素质教育的目标。

三、劳动习惯的养成

(一)从家务做起,养成劳动习惯

首先,要认清做家务劳动的必要性,端正劳动态度;从小学会照顾自己,养成劳动习惯。其次,要有意识地进行家务劳动,培养劳动习惯。家务劳动是"生活的小百科全书",对于增强体质、增长智力、健全品德都有积极的意义。最后,在家务劳动过程中,有意识地培养道德品质。要培养自己成为一个有道德、有理想、有文化、有纪律的劳动者,从家务劳动中培养自己爱劳动的品质。劳动时,不仅动体力,还要多动脑,培养自己巧干的精神。

(二) 从社会实践做起,养成劳动习惯

良好的劳动习惯既影响劳动速度,也影响劳动质量。21 世纪是竞争激烈的时代,只有具有较高的劳动素质和一定的自理能力、动手能力、创新能力,才能立足于社会,创造美丽的人生。

社会实践是学校生活中一项重要的劳动项目。职业学校的学生如何在社会、实践中养成良好的劳动习惯呢?首先,主动形成劳动意识,通过多种途径体会劳动的重要性和必要性。其次,学会正确使用劳动工具。了解生活中常用工具的功能及使用方法,在保证安全的情况下,进行实践操作。最后,掌握保管劳动材料、工具的常识,知道工具的正确保管方法,学会分类存放,做到分类有序,从而逐渐养成规范操作、认真细致的劳动习惯。

(三) 养成合理安排劳动程序的良好习惯

合理安排劳动程序是提高劳动效率的有效手段。在劳动中,要学会统筹安排,巧妙掌握技巧。在劳动之前要考虑:怎样安排时间最合理?怎样的流程操作避免返工?这次劳动中哪个环节难度最大?长期坚持这样的训练,就能养成从小处着手、节省时间的良好习惯,争取劳动前做到心中有数,杂而不乱。

(四) 养成团结协作、勇于创新的劳动习惯

劳动离不开协作,遇到困难要善于发挥集体的智慧,这样才能获得更高的劳动价值,所以要养成尊重和虚心听取别人的意见,与别人团结协作的良好习惯。同时,在劳动中,还要养成勇于创新、热爱创造的劳动习惯。如果只做一种简单的体力劳动,机械地模仿、重复,天长日久,就会使自己懒于思考、疏于创造,这样,将来也只能是平庸的劳动者。而要想在现代竞争激烈的世界舞台上站稳脚跟,就要学会在劳动中思考、发明、创造,成为一个高素质、有智慧的劳动者。

📽 观看电影

《劳动铸就中国梦》

中共中央宣传部组织拍摄的纪录片《劳动铸就中国梦》共 6 集,用"劳动改变命运""劳动创造财富""劳动点亮智慧""劳动提升品质""劳动缔造幸福""劳动彰显国魂"的脉络阐释"劳动"。该片选取时代典型人物,用讲故事的方式生动描绘了伟大的中国人民投身改革开放和社会主义现代化建设的辉煌历程;以宽广的视野和生动的事例,形象地诠释劳动、展示劳动、赞美劳动,唱出了一曲新时代的劳动之歌。

💬 思考

为什么说劳动能够改变个人和国家的命运?

第三课　职业学校的劳动教育

一、新时代职业学校劳动教育的新内涵

新时代职业学校教育是为了培养高素质技术技能人才而实施的教育,新时代职业学校劳动教育的目的是引导新时代职业学校的学生在劳动创造中追求幸福感、获得创新灵感,成为具有社会责任感、创新精神和实践能力的专门人才。新时代职业学校劳动教育的内涵如下。

（一）在地位上,劳动教育应成为人才培养体系中专门的一部分

职业教育是劳动者大军培养的直接出口,是年轻人走向职场的最后一步,主要培养的是从事各行各业的专门人才。

（二）在内容上,劳动教育应反映新时代劳动发展趋势

新时代,劳动的内容越来越丰富,劳动者智力输出越来越多,生产率越来越高,人才的重要性越来越突出,世界各国对人才的争夺逐渐加剧。

（三）在形态上,劳动教育应表现为思想教育、技能培育与实践锻炼三大任务

思想教育凸显劳动教育的德育属性,包括劳动价值观、情感态度、伦理责任、权益意识等方面内容;技能培育凸显劳动教育的智育价值,职业学校各专业的理论学习、实习实训、产教融合等更偏重劳动技能的培育;实践锻炼强调劳动教育的实践性,旨在引导学生在广阔的生产劳动与社会实践中增进知识、磨炼意志、增长才干、提高素质、培养社会责任感。

（四）在目标上,劳动教育以全面提升学生劳动素养为主要关注点

新时代职业学校劳动教育应充分发挥劳动教育树德、强智、健体、育美、提能的综合育人价值,提升学生的劳动素养。

二、职业学校劳动教育的意义

（一）引导学生在劳动过程中,培养习惯、磨炼意志、锤炼品格

劳动教育的关键就是引导学生从生活劳动做起,从体力活动做起,在劳动中动手、动腿、动身。在此基础上,可以围绕综合实践、专业技术实践等新型劳动形式开展劳动教育,进一步拓展劳动教育的内容与形式,丰富劳动教育的领域与形态,积累多样的劳动体验与不同的劳动经验。

（二）引导学生在劳动过程中,增强意识、拓宽视野、提升能力

通过劳动教育,发展学生的求真和创造能力;依托劳动教育发展的社会关系,提升学生的德行素养;通过劳动教育,生产美好的作品,体验生命的价值和力量,培育学生的审美能力。

（三）引导学生在劳动情境中感受创造的乐趣

劳动教育使学生充分享受劳动的成果,激活劳动中的审美体验,感受劳动的光荣、生命的价值和智慧的力量。要充分发挥劳动教育的价值,培养学生吃苦耐劳、克服困难、敢于拼搏的意志品质,让劳动教育成为

建构学生良性人格的活动。

📖 **资料卡**

《大中小学劳动教育指导纲要(试行)》的基本考虑和主要内容

劳动教育是新时代党对教育的新要求,是中国特色社会主义教育制度的重要内容,是全面发展教育体系的重要组成部分。《中共中央　国务院关于全面加强新时代大中小学劳动教育的意见》(2020年3月20日)(以下简称《意见》),对新时代大中小学劳动教育做了全面部署。为全面贯彻落实《意见》,加快构建德智体美劳全面培养的教育体系,中华人民共和国教育部教材局牵头组织研制了《大中小学劳动教育指导纲要(试行)》(教材〔2020〕4号)(以下简称《指导纲要》),于2020年7月印发试行。

一、基本考虑

《指导纲要》重点针对劳动教育是什么、教什么、怎么教等问题,面向各地和学校提供专业指导。注重处理三个关系:一是《指导纲要》和《意见》的关系。在劳动教育内涵和基本要求上,与《意见》保持贯通一致,如都强调了当前实施劳动教育的重点是组织学生参加劳动实践,出力流汗,磨炼意志,培养正确的劳动价值观和良好的劳动品质;同时依据《意见》,细化有关要求,强化可操作性。二是基础教育、职业教育和普通高等教育的关系。突出劳动教育面向全体学生的共性要求,同时适当兼顾各自特点。如基础教育以使用传统工具、传统工艺为主,引导学生体会劳动人民的艰辛与智慧;职业院校、普通高等学校要注重结合产业新业态、劳动新形态,提升创造性劳动能力。三是学校和教育行政部门的关系。把落脚点放在学校,加强对学校实施指导,兼顾教育行政部门的统筹管理。

二、主要内容

《指导纲要》包括劳动教育性质和基本理念,目标和内容,途径、关键环节和评价,学校劳动教育的规划与实施,条件保障与专业支持五个部分,着重强调了这样几点。

一是强调劳动教育注重发挥劳动的育人功能,对学生进行热爱劳动、热爱劳动人民的教育,具有鲜明的思想性、突出的社会性和显著的实践性,防止把劳动教育窄化为上课,或者泛化为学生的一切学习活动。

二是强调劳动教育以日常生活劳动、生产劳动和服务性劳动中的知识、技能与价值观为主要内容,注重全面提升学生劳动素养,防止把新时代劳动教育与过去的劳技训练混为一谈。

三是强调通过独立开设劳动教育必修课,在学科专业中有机渗透,在课外校外活动中安排,在校园文化建设中强化四个途径,将劳动教育贯穿到学校教育的各个方面,解决有教育无劳动的问题。

四是强调围绕讲解说明、淬炼操作、项目实践、反思交流、榜样示范等关键环节,加强劳动教育,努力克服有劳动无教育的问题。

五是强调通过配备实施机构和人员、加强劳动安全风险防范与管理、建立协同实施机制等措施,严格组织实施要求,把劳动教育做细做实。

📖 **探究与分享**

小包参加了学校组织的学农活动,度过了一周与田野大地、劳作生活亲密接触的时光,回校后以此为主题所写的作文还获得了高分。"虽然累,但是很开心,比农家乐有意思。"小包回到家后对父亲说。当被问到对学农活动等一系列劳动教育活动深层次的感受时,小包一脸严肃地讲道:"体力劳动实在太辛苦了，所以我得用功学习，上好大学、选好专业，成长为高端人才。"

你认同小包的看法吗？为什么？

三、职业学校劳动教育的主要形式

中职学生劳动教育的开展应结合其思想、行为特点和实际需求，结合新时期教学特点，不断丰富劳动教育的形式和内容，使之更具有吸引力和时效性。

(一)课堂教学

学校开设专门的劳动教育课程，通过思政课程及其他专业课教育进行理论渗透，将劳动教育融入课程建设，在各学科的课程中渗透劳动价值观的正确引导和教育，增强"崇尚劳动"的劳动价值观引领。

(二)专业实习

学生通过专业实习锻炼将理论知识运用到实践中，加深对知识的理解，切实提高自身劳动能力和专业知识运用能力。同时，学校将专业实习与就业指导相结合，注重实效性，避免形式化和空洞性，努力探索劳动教育培养学生劳动素质与服务学生就业相结合的途径，拓宽劳动教育平台。

(三)勤工助学

勤工助学是学生劳动实践的有效形式，是培养和造就全面发展的人的具体实现形式，是我国学校劳动教育的重要途径和方式。随着时代发展，勤工助学的内涵发生变化，并得到充实和完善。学校在为贫困生提供资助的同时，要发挥培养其劳动能力、完善其劳动知识、提高其劳动技能的重要作用。

(四)校园活动

学生校园日常生活及活动有效促进了学生劳动意识的提高和劳动习惯的养成。例如，宿舍卫生检查有效督促学生增强劳动意识，培养基本的劳动习惯。校园内、教室内的卫生打扫增加了学生的劳动机会，培养了学生的劳动情感和集体意识。又如，宿舍文化艺术节等在丰富学生课余生活的同时，有效激发了学生的劳动热情和创造热情；丰富的社团活动也能有效锻炼学生的劳动能力，提升学生的综合劳动素养。

(五)社会实践

学校组织的公益活动、支教、科技服务、志愿者服务等社会实践活动是培养学生高尚的思想情操和奉献社会的劳动价值观的有效途径。社会实践活动是学生劳动教育的重要补充形式，在培养学生奉献社会、服务人民的劳动价值观，勤劳质朴和脚踏实地的劳动精神，以及提升学生综合素质方面有着不可替代的作用。

(六)家庭劳动

力所能及的家庭劳动是当代学生参与劳动实践的重要形式。学生参与家庭劳动的基本途径为自己的事情自己做、家庭劳务帮着做、农业活动适量做、尊老爱幼争先做。在家庭劳动的实践过程中，要做到家校联系，充分发挥家长的指导和协助作用，共同落实劳动教育的内容，确保劳动教育的安全。

四、劳动教育的关键环节与评价

(一)劳动教育的关键环节

各地区和学校要注重围绕劳动教育的目标与内容要求，从提高劳动教育的效果出发，把握劳动教育任务的特点，抓住关键环节(见图1-1)，选择适宜的劳动教育方式。

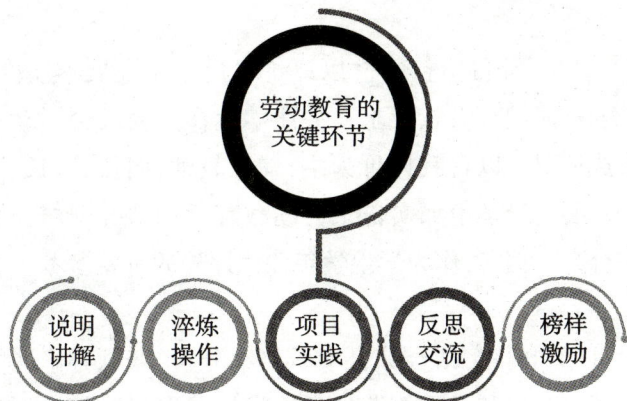

图1-1　劳动教育的关键环节

1.说明讲解

围绕劳动为什么、是什么的问题,有重点地进行讲解,让学生懂得劳动的意义和价值。加强对劳动观念、劳动纪律、劳动相关法律法规的正面引导,指明轻视劳动特别是轻视普通劳动的危害,让学生明辨是非。加强对劳动知识技能的讲解,让学生认清事理,掌握实践操作的基本原理、程序和规则,掌握正确使用劳动工具的方法和技术。讲解要与启发思考、示范、练习等结合起来。

2.淬炼操作

围绕如何做的问题,注重示范与练习,让学生会劳动。强化规范意识,注重引导学生从最基本的程序学起,严守规则,避免主观随意。强化质量意识,注重引导学生关注细节,每个步骤、环节都要精准到位。强化专注品质,注重引导学生对操作行为的评估与监控,做到眼到手到心到,有始有终。

3.项目实践

围绕劳动能力的培养,让学生经历完整的劳动过程。注重劳动价值体认,引导学生从现实生活中发现需求,选择和确定劳动项目。强化规划设计意识,充分发挥学生的积极性、主动性、创造性,引导学生对项目实践进行整体构思,综合运用所学知识、技术,不断优化行动方案。强化身体力行,锤炼意志品质,敢于在困难与挑战中完成行动任务。

4.反思交流

围绕劳动价值意义的建构,引导学生总结、交流,促进学生形成反思交流习惯。指导学生思考劳动过程、劳动结果与社会进步、个体成长的关联,避免停留在简单的苦乐体验上。组织学生交流、分享劳动的体验和收获,肯定具有积极意义的认识,纠正观念上的偏差。将反思交流与改进结合起来,使学生在劳动中获得成长。

5.榜样激励

围绕劳动的精神追求,树立典型,激发学生的劳动热情。注意遴选、树立多类型榜样,不仅要有大国工匠、劳动模范,还要有身边劳动表现优异的普通劳动者和同学。指导学生从榜样的具体事迹中领悟他们的高尚精神和优良品质,激励学生在日常劳动实践中努力向榜样看齐。

（二）劳动教育的评价

以劳动教育目标、内容要求为依据,将过程性评价和结果性评价结合起来,健全和完善学生劳动素养评价标准、程序和方法,鼓励、支持各地利用大数据、云平台、物联网等现代信息技术手段开展劳动教育过程监测与纪实评价,发挥评价的育人导向和反馈改进功能。

1.平时表现评价

要在平时劳动教育实践活动中及时进行评价,以评价促进学生发展。评价要覆盖各类型劳动教育活动,明确学年劳动实践类型、次数、时间等考核要求。关注学生在劳动教育活动中的实际表现,注重从行为表现中分析、把握劳动观念形成情况。以自我评价为主,辅以教师、同伴、家长、服务对象、用人单位等他评方式,指导学生进行反思改进。要指导学生如实记录劳动教育活动情况,收集并整理相关制品、作品等,选择代表性的写实记录,纳入综合素质档案,作为学生学年评优评先的重要参考。

2.学段综合评价

学段结束时,要依据学段目标和内容,结合综合素质档案分析,兼顾必修课学习和课外劳动实践,对劳动观念、劳动能力、劳动精神、劳动习惯和品质等劳动素养发展状况进行综合评定。建立诚信机制,实行写实记录抽查制度,对弄虚作假者在评优评先方面一票否决,性质严重的应依法依规严肃处理。推动将学段综合评价结果作为学生升学、就业的重要参考。

3.学生劳动素养监测

委托有关专业机构,定期组织开展关于学生劳动素养状况调查,注重学生劳动观念、劳动能力、劳动精神、劳动习惯和品质等的监测。同时,发挥监测结果的示范引导、反馈改进等功能。

领悟劳动之美

劳动创造美,劳动之中蕴含美。人们在劳动过程中所体现出来的智慧、情感等都成为无数艺术创作的主题。

"太阳光金亮亮,雄鸡唱三唱,花儿醒来了,鸟儿忙梳妆……"这熟悉的《劳动最光荣》的旋律,有没有触动你内心深处那根弦呢?

我们常说"劳动最光荣",但这背后的意义是什么?它不仅仅是一句口号,更是一种精神的昭示,是对人类智慧与体力付出的最高赞誉,正是那些看似普通却又不平凡的劳动,构筑了我们美丽的家园,让社会充满生机与活力。这样的劳动值得我们赞誉,更值得我们歌颂。

歌颂劳动之美的音乐作品数不胜数。《丰收歌》《咱们工人有力量》《川江船夫号子》《勘探队员之歌》《劳动最光荣》《采蘑菇的小姑娘》《我为祖国献石油》《太阳出来喜洋洋》《在希望的田野上》《幸福在哪里》《团结就是力量》等,已成为老百姓耳熟能详的劳动者赞歌。劳动者们高声唱着劳动之歌,伴随着优美的旋律,建设了繁荣富强的祖国。

你听,那激越动听的歌声从天边传来:

中国梦,幸福梦,富强梦,实现梦想靠劳动;

中国梦,你的梦,我的梦,共同筑起中国梦……

这首《劳动托起中国梦》的歌曲,和着每位劳动者的声音,传唱在祖国的大江南北。

思考

你在歌曲中领悟到了哪种劳动之美?

实践活动：参观新农村建设

活动目标

(1)饮水思源,增进学生对党、对祖国、对家乡的热爱之情。

(2)激发学生投身乡村振兴和社会主义建设的热情。

(3)在实践中体会"劳动创造美好生活"的含义。

活动准备

1.培训学习

(1)广泛征集学生的意见,确定活动主题、活动内容、活动形式、活动地点及活动展示的方式方法。

(2)做好活动的策划方案、安全预案。

2.联络沟通

班、团干部事先要联系学校德育安全管理部门,汇报本次活动的目的、意义、安全预案,得到学校德育安全管理部门的同意、支持和帮助;联系参观地村支部或村两委,征得对方同意,并确定活动时间,了解村里发展情况。

3.人员分工

根据表1-1安排活动任务。

4.安全事项

(1)组织班级全体学生学习学校安全管理规定,学习记录留档备查。

(2)提前向学校管理部门报备活动策划方案、参观新农村建设活动分组分工表、参观新农村建设活动安全预案申报表(见表1-2),进一步明确组织安排、人员分工、活动流程和安全责任。拟定安全承诺书,每个学生签字后留存备查。

5.物资准备

(1)定制有学校标识的文化衫,统一服装。

(2)准备好活动宣传横幅。

(3)准备好摄影、摄像器材。

(4)准备好个人防护物资(消毒液、口罩等)。

(5)规划交通路线,确定公共交通工具。

表1-1　参观新农村建设活动分组分工表

组织设置	工作内容	岗位职责
领导小组	由团支书、班长组成,团支书担任组长,班长担任副组长。领导小组全面统筹参观新农村建设活动的培训和安全工作	组长:负责组织协调、活动培训、安全保障等。副组长:联系参观村集体、活动总结等

续表

组织设置		工作内容	岗位职责
工作小组	策划协调组	负责策划本次活动,并向学校德育安全部门报备工作和申请活动,征求班主任、全班学生的意见和建议,联系和协调相关工作,设计参观活动方案、宣传方案等	小组长:负责落实本组工作内容的执行、组员管理、组内分工、组间工作内容的协调。 组员:服从小组长管理,自觉遵守活动纪律,积极参与活动,在活动中团结协作
	外联组	先开展联系工作,取得参观地的村支部或村两委的同意和支持,了解新农村发展情况,制定路线、安全工作方案	
	实施组	以班级学习小组为单位划分实施小组(也可以5~6人自愿成组)。由学习组长担任小组长;小组长组织本组学生设计参观的内容(交通、产业、饮水、教育、住房、村民访谈等),并为参观做好准备	
	后勤物资组	组织全班学生讨论,充分收集整理意见和建议,并做好预算。经费从班费中支出。要注意节约,注重环保,联系好公共交通,负责活动的收尾工作	
	安全保障组	向学校安全稳定保卫办公室报备工作,并在学校安全稳定保卫办公室指导下拟定参观新农村建设活动安全事项承诺书,组织全班学生学习安全注意事项,负责开展活动过程中的安全隐患排查,及时发现、提醒、告诫、制止安全问题	
	宣传编辑组	及时撰写宣传稿件,组织主题班会,及时进行活动总结并进行介绍点评。将总结和简报报学校管理部门审核、存档,报学校办公室进行宣传报道	

表1-2 参观新农村建设活动安全预案申报表

申报班级		部门负责人(签字)	
活动内容		活动地点	
活动时间		参与学生	
带队教师			
活动安全预案			
分管部门意见			
分管副校长意见			
校长意见			

温馨提示:有序乘车、文明礼貌;参观途中,进出村民院坝房屋、访谈村民要经村民同意;组织有序,不散漫随意;文明用语,尊重村规民俗。

活动实施

1.精心准备和悉心落实

（1）参加活动的学生在教室或操场集合，整理仪容仪表，清点所有活动用品。班主任进行动员讲话，强调纪律、安全等注意事项。

（2）有序乘车前往参观点。

（3）到达参观点下车后，活动组长负责集合整队，再次告知所有学生严守纪律和注意活动事项。

（4）根据活动策划，开展以下参观访谈活动。

①参观村两委办公地，访谈村委会主任或者村支书，了解农村基层党组织的建设、社会主义基层民主政治建设发展、村集体产业发展、乡村振兴规划等情况。

②走进村民院坝、农村便民超市，访谈村民、超市的售货员和顾客，进一步了解农村交通、教育、住房、医疗的改善和产业发展给他们带来了什么实惠、方便。

③走进田间地头、堰塘溪边领略农村风光，感受新农村的美丽景象；了解农村产业发展，尤其是现代农业、生态农业的发展情况，感受社会主义新农村的崭新面貌。

④走进村民家中，了解村民家庭家用设施，与村民交流党和国家富民兴村、医疗教育相关政策，了解村民产业发展情况，感受农家甜蜜幸福生活。

⑤实地参观考察，感受党和国家乡村振兴战略的实施给我国农村带来的巨大变化。

（5）活动结束，活动组长再次集合整队清点人数，有序乘车返校。

2.回味愉悦和反思总结

以小组为单位制作本次参观活动的总结材料，召开参观新农村建设活动主题班会，进行分组汇报。

（1）小组长组织本组学生展开讨论、自评、总结，形成文字材料并汇报。

（2）全体学生可对其他小组的总结发言进行评价和建议。

（3）班主任进行本次参观新农村建设活动的总评。

（4）每个学生单独完成活动感悟。

（5）材料交学校德育管理部门存档。

活动体会

我的收获：_____

_____

_____

我的感悟：_____

_____

_____

改进措施：_____

_____

_____

活动评价

根据表 1-3 进行活动评价。

表 1-3 活动评价表

评价项目	评价主体		
	自我评价	小组评价	教师评价
劳动观念			
劳动意识			
劳动习惯			
劳动态度			
劳动情感			
劳动知识			
劳动技能			
劳动素养			

注:评价分为四个等级,A 为优秀,B 为良好,C 为合格,D 为不合格。

劳动体验：包饺子比赛

活动名称	
活动时间	
活动地点	
活动目标	1.通过学习拌饺子馅和包饺子的方法,锻炼学生动手操作的能力。 2.弘扬我国的传统饮食文化。 3.促进学生的沟通交流,增强班级的凝聚力,培养学生的团结协作精神
活动安全	1.活动前进行安全教育,如用刀剁馅时不要伤害到自己或者他人,用绞肉机时注意用电安全等。 2.准备劳动安全防护用品,如围裙、一次性手套、酒精、创可贴等
活动准备	1.召开班级动员会,讲清本次活动的意义和注意事项。 2.由学校食堂负责人购买面皮、肉(3分肥肉7分瘦肉)、白菜、鸡蛋、小葱、姜、大蒜、盐、胡椒、花椒、蚝油、白糖、生抽、香油和一次性手套。 3.由学校食堂负责人依班级实际人数准备锅、碗、瓢、盆、筷子等,并与班级确定包饺子的时间。 4.班级组织学习视频:如何拌饺子馅和包饺子。 5.由班长将班级分成若干小组,各小组成员在组长的带领下在食堂外集合。 6.食堂负责人将组号贴好,同时将盆、筷、饺子皮、肉及配料等分好。 7.由班委购买奖品
活动过程	1.食堂师傅讲解拌饺子馅和包饺子的方法要领。 2.用搅拌机将肉打碎、花椒泡好、白菜切细备用。 3.依次加入调料,并向同一方向拌饺子馅。 4.戴上一次性手套包饺子,每组至少包三种样式。 5.由食堂分组煮饺子。 6.每组选出一个代表和教师作为评委,师生共同品尝每组的饺子,并投票选出"最美味的饺子"组和"颜值最高的饺子"组,由教师颁发奖品。 7.到食堂归还剩余食材,分组清洗餐具、厨具,并做好清洁卫生
活动分享	小组讨论交流包饺子比赛的心得
活动评价	自我评价: 优秀□ 良好□ 合格□ 不合格□ 组长评价: 优秀□ 良好□ 合格□ 不合格□ 活动方评价: 优秀□ 良好□ 合格□ 不合格□

拓展活动："致敬普通劳动者"主题活动

　　没有环卫工人,哪有干净整洁的大街;没有保安员,哪有小区的祥和平安;没有快递员,哪能方便、快捷地买到心爱之物……每一座城市的美丽,都离不开基层劳动者辛勤的汗水和无私的付出。只要为社会创造价值、服务于人民,就是光荣的。只要是劳动者,就应得到承认和尊重。

　　请根据本单元的学习内容,以小组(8~10人)为单位组织一次"致敬普通劳动者"主题活动,选择一个普通劳动者群体,向他们致敬。致敬的形式不限,既可以用语言或文字的方式慰问普通劳动者,也可以向普通劳动者献花等。活动过程用短视频的形式记录。

第二单元

劳动法律

　　健全劳动法律法规，完善劳动关系协商协调机制，完善劳动者权益保障制度，加强灵活就业和新就业形态劳动者权益保障。

——党的二十大报告

学习目标

- 掌握劳动权益保护的相关规定。
- 学会通过《中华人民共和国劳动合同法》维护自己的合法权益。
- 树立安全意识，用法律武器维护自己的劳动权益。

劳动榜样

10年坚守，撑起劳动者权益保护伞

夏天虹，这位1986年出生的三明市宁化县后生，坚守劳动保障监察岗位10余年。从不怕虎的初生牛犊，到处事沉稳的行家里手，这10年里他忠诚坚守、勇于担当，用心为劳动者撑起权益保护伞，从一名普通劳动保障监察员成长为县劳动保障监察大队大队长。

"劳动监察工作很辛苦，但干的是好事、善事，想干就要干好！"他是一名年轻的"老"监察员。2008年高校毕业，他进入社会的第一份工作就是成为厦门市集美区劳动保障监察大队编外工作人员，劳动保障监察岗位是他的人生"初体验"。10年来，他办理了当地第一起拒不支付劳动报酬罪案件和第一起《保障农民工工资支付条例》行政处罚案件。2014年2月，杨某以逃匿的方式拒不支付42名农民工工资共计40余万元，涉及该县4个施工项目。经过12小时艰难调解，最终由4个施工项目负责人先行垫付部分工资，同时迅速以涉嫌拒不支付劳动报酬罪移送公安机关。2014年10月杨某落网，被判处有期徒刑一年四个月，同时清偿了拖欠的农民工工资。

2020年12月17日，某铁路建设项目发生一起劳务公司农民工群体性事件，他协调县政法、公安等部门提前介入，迅速查实该事件实为以工程款未到位为由，克扣或拖欠农民工工资并以农民工工资名义讨要工程尾款的违法行为。事发10日内迅速对两名组织者采取了刑事手段，并对施工单位因落实《保障农民工工资支付条例》有关制度不到位，处以10万元的行政处罚。此类案件，他先后办理并向公安机关移送了10起，有效震慑了违法犯罪分子，捍卫并维护了法律权威和劳动者合法权益。

在繁重复杂的工作面前，他敢于担当、求真务实，踏踏实实地为劳动保障监察事业无私奉献着自己的青春，用辛劳和汗水默默为人民服务。撑起劳动者权益保护伞，他真正把这件事给干好了！

（资料来源：三明市人力资源和社会保障局.十年坚守，撑起劳动者权益保护伞：宁化县优秀劳动保障监察员夏天虹先进事迹[EB/OL].（2022-08-17）[2024-05-24].http://rsj.sm.gov.cn/ztzl/ddjs/202208/t20220817_1818788.htm.）

第一课　劳动法的基本问题

一、劳动法的概念与特征

现代劳动法诞生于19世纪的英国，是从调整平等法律关系的民法中独立而来，但同时又兼具国家公权力干预的特征，因此是典型的社会法。劳动法以劳动关系为主要调整对象，以保护劳动者的合法权益和促进劳动关系和谐发展为立法宗旨，是各国法律体系的重要组成部分。

（一）劳动法的概念

劳动法的概念有广义和狭义之分，其中狭义的劳动法仅指一个国家的劳动法典，而广义的劳动法包括劳动法典和与劳动法典实施相配套的一系列劳动法律和规章。

在中国，狭义的劳动法即指《中华人民共和国劳动法》，由全国人民代表大会常务委员会于1994年7月

5日审议通过,自1995年1月1日起施行。广义的劳动法不仅包括《中华人民共和国劳动法》,还包括宪法、法律、行政法规、部门规章、地方性法规和规章、部分国际劳工公约中的劳动规范,以及规范性的劳动法律、法规解释、国际惯例等。

(二)劳动法的特征

1.兼具公法性和私法性

从法律的历史演进过程来看,劳动法从民法中分离而来,自然与民法有着天然的联系。因此,私法的调整方法和基本原理对劳动法律制度的构建具有基础性作用。但劳动法又突破了单一私法理念的束缚,私法自治、平等协商、等价有偿等私法原则在劳动法的适用中亦引入了一系列公法理念和调整方法,如劳动基准的设置、解雇保护制度的建立、反就业歧视立法的推进等,使得劳动法成为兼具公法性和私法性的典型的社会法代表。

2.兼顾劳动者与用人单位的利益

维护劳动者的合法权益是劳动法的立法宗旨。劳动法强调保护劳动者的合法权益是由劳动者的弱势地位决定的,劳动法要平衡两者间的不平等地位,实现实质平等,则必然需要对劳动者进行倾斜保护。这点在劳动法具体条文中随处可见,如劳动法关于最高工时的规定、关于劳动合同的变更和解除的规定等,均是通过国家的强制性规范,为劳动者的权益保护设定最低标准,用人单位只能按照更高的标准去做,而不能低于该标准。

劳动法在倾斜保护劳动者合法权益的同时,也兼顾用人单位的利益。劳动法保护用人单位合法的用工管理权,对劳动者的义务亦进行了明确的规定,如劳动者单方解除劳动合同的预先告知义务、劳动者的竞业限制义务、劳动者如果存在欺诈行为需要承担相应法律责任等。

3.兼容实体法和程序法

一般而言,一部实体法会对应一部程序法。但劳动法是个例外,其本身既有实体性法律规范,也有程序性法律规范。《中华人民共和国劳动法》第十章规定了劳动争议的解决程序和途径。当然,劳动法中单纯的程序法内容占比不大,大部分是实体法内容或者两者兼而有之,这是劳动法较为特殊的地方。

二、劳动法的适用范围

(一)劳动法中的"劳动"

"劳动"一词在生活中经常被使用。劳动是人类生存的永恒条件。但在不同的学科领域,"劳动"的含义是不同的。在劳动法领域,"劳动"有五重内涵。

(1)合法劳动。劳动有合法和违法之分,劳动法中的劳动只包括合法的劳动,因此犯罪活动就不属于劳动法中的劳动。

(2)职业劳动。劳动法中的劳动是劳动者谋生的方式,是一种职业劳动。因此,不以谋生为目的的劳动,如志愿者从事的劳动、现役军人从事的劳动等都不是职业劳动,不属于劳动法上的劳动。

(3)受雇劳动。提供劳动岗位的一方必须是本人和家人之外的其他人,如自由职业者、农民在自己的承包地或责任田中从事的劳动、家庭作坊内家人从事的劳动等都不属于劳动法范畴的劳动。

(4)从属性劳动。劳动者相较于用人单位而言处于从属地位,必须服从用人单位的管理,遵守用人单位的规章制度。

(5)自由劳动。劳动者必须具有人身自由,能依据自己的意志出卖劳动力。因此监狱中犯人所从事的劳动不是劳动法范畴的劳动。

基于上述要件,劳动法范畴的劳动是指劳动者为谋生而从事的,履行劳动法规、集体合同和劳动合同所规定义务的集体劳动,是劳动者有偿转让自身劳动力,与用人单位的生产资料相结合进行相关生产或服务活动的过程。

(二)劳动法中的"劳动关系"

在劳动的过程中,不同主体之间会有很多关系,劳动关系是指劳动者与用人单位(包括各类企业、个体工商户、事业单位等)在实现劳动过程中建立的社会经济关系。

1.劳动关系的特征

(1)劳动关系的主体包括劳动者和用人单位。劳动者即劳动力的所有者,在劳动关系中通过将自己的劳动力与用人单位进行交换,获取劳动报酬。用人单位即劳动力的使用者,包括企业、个体经济组织、民办非企业单位等组织和国家机关、事业单位、社会团体。

(2)劳动关系兼具人身关系和财产关系的属性。劳动是劳动力与生产资料相结合的过程,当劳动力作为生产要素进入劳动过程的时候,客观上劳动者的人身也进入了劳动过程,因此劳动关系具有人身关系的属性;另一方面,劳动作为劳动者谋生的手段,劳动者通过向用人单位转让劳动力使用权以获取一定的报酬,因此又具备了财产关系的属性。

(3)劳动关系兼具平等性和不平等性特征。平等性是指劳动者与用人单位建立劳动关系时,双方通过自由选择,平等协商,以合同的形式建立、变更、解除或终止劳动关系。但实质上,从劳动者与用人单位缔结劳动合同之始及之后,双方实质上是处于不平等地位的。劳动者在经济实力、信息掌握数量及选择成本等方面与用人单位存在较大差距,因此其在劳动力市场处于弱势地位。劳动关系建立后劳动者的弱势地位更加凸显,劳动者必须服从用人单位的指挥和调配,遵守用人单位的劳动纪律和规章制度,因此不平等性是劳动关系的重要特征,这也是劳动法需要倾斜保护劳动者的根本原因。

2.劳动法调整劳动关系的范围

根据《中华人民共和国劳动合同法》第二条的规定,中华人民共和国境内的企业、个体经济组织、民办非企业单位等组织(以下称"用人单位")与劳动者建立劳动关系,订立、履行、变更、解除或者终止劳动合同,适用该法。国家机关、事业单位、社会团体和与其建立劳动关系的劳动者,订立、履行、变更、解除或者终止劳动合同,依照该法执行。

另外,农村务农人员、现役军人、家庭保姆等人员不属于劳动法的调整范围,而是由相对应的《中华人民共和国农业法》《中华人民共和国军事法》《中华人民共和国民法典》等调整。

📖 资料卡

不受《中华人民共和国劳动合同法》保护的工作

目前不受《中华人民共和国劳动合同法》保护的行业中,以保姆、保险代理人、学生兼职、退休返聘和协议承包人等尤为典型。

1.保姆

保姆行业属于一种非典型劳动关系,从雇主来说,基本上都是个人。依照《中华人民共和国劳动法》《中华人民共和国劳动合同法》的相关规定,我国境内的企业、个体经济组织、民办非企业单位、国家机关、事业单位、社会团体可以与个人建立劳动关系。因此,在法律层面,雇主无法成为《中华人民共和国劳动法》意义上的用人单位。当然,这并不是说保姆不受法律保护。如果是雇主和保姆双方直接商谈的,那么保姆的权益可以按照《中华人民共和国民法典》的规定进行保护。当事人可以以侵权、合同违约等案由，直接向法院提起民事诉讼。

2.保险代理人

保险推销行业的人事制度是代理制，而非雇员制。保险代理人一头联系保险公司，一头联系被保险人。保险代理人与保险公司之间的关系，属于民事代理关系。从合同履行情况看，虽然保险公司要求雇员遵守公司管理制度，接受公司管理和监督，并参加有关培训，但这种管理和培训是保险公司拓展业务和提高保险代理人工作能力的需要，不能等同于劳动合同中用人单位和劳动者的管理和培训。

3.学生兼职

由于学生的身份所限，在校学生实习和见习，不属于《中华人民共和国劳动法》的调整范围，用人单位不必与其签订劳动合同，也不必为其购买社保，因此相对而言企业也喜欢用兼职学生，这样可节省开支。

4.退休返聘

《中华人民共和国劳动合同法》规定，劳动者开始依法享受基本养老保险待遇的，劳动合同终止。相关司法解释明确规定，用人单位与其招用的已经享受养老保险待遇的人员发生用工争议，向法院提起诉讼的，应当按劳务关系处理。因此，在返聘期间，雇员已经享受基本养老保险待遇，仅能与用工单位建立劳务关系。

5.协议承包人

承包协议不是劳动合同，不受劳动法保护，如河道维护、街道打扫、机场以及车站卫生承包等。在承包工程或者其他工作之前，双方都会签订相关协议，但这种协议并不是劳动合同，双方之间也不存在劳动关系，这些承包只是承揽合同关系，是定期给劳动者支付报酬的合作关系，一旦出现报酬纠纷，也得不到《中华人民共和国劳动法》保护。

(三)劳动法中的"人"

劳动法范畴的"人"是指劳动关系的主体：劳动者和用人单位。

1.劳动者

劳动者是指达到法定年龄并具有劳动能力，以获取劳动报酬为目的而从事社会劳动的自然人。他们依照法律规定或者合同约定，在用人单位管理下从事职业劳动并获取劳动报酬，常常也被称为"职工""工人""劳工""雇员"。作为《中华人民共和国劳动法》范畴的行为人，劳动者必须具备法律规定的下列条件：

第一，达到法定年龄。劳动者的最低就业年龄为16周岁，禁止用人单位招用未满16周岁的未成年人；某些特殊职业，如文艺、体育和特种工艺单位确实需要招用未满16周岁的人(如演员、运动员)时，则必须报县级以上劳动行政部门批准。

第二，具有劳动能力。劳动法上的劳动者，应具有相应的劳动权利能力和劳动行为能力。若无劳动能力，就不能参与劳动法律关系、享受权利并承担义务。

2.用人单位

用人单位在其他国家又称为"雇主""雇用人""资方"等，中国在法律上统一使用"用人单位"这一称谓。具体是指招收录用劳动者，使用劳动者的劳动力，并按照劳动者提供的劳动支付工资和其他待遇的劳动关系主体。根据我国现行《中华人民共和国劳动合同法》的规定，用人单位的范围包括企业、个体经济组织、民办非企业单位等组织和国家机关、事业单位、社会团体。2008年，《中华人民共和国劳动合同法实施条例》

(国务院令第 535 号)把依法成立的会计师事务所、律师事务所等合伙组织和基金会也纳入了用人单位的范围。

三、劳动法的体系

(一)劳动法的法源体系

劳动法的法源又称为"劳动法的渊源",也就是劳动法的形式。它表明劳动法律规范的具体表现形式。我国劳动法的法源体系包括宪法、法律、行政法规、部门规章、地方性法规和规章、中国批准的国际劳工公约、司法解释等,如图 2-1 所示。

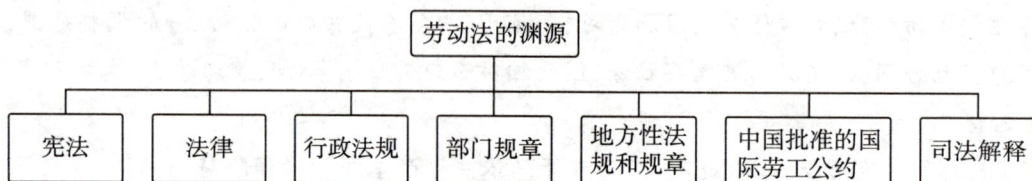

图 2-1　劳动法的渊源

(二)劳动法的内容体系

劳动法的内容按照一定标准进行分类,包括七大类。

(1)促进就业制度。促进就业制度以《中华人民共和国就业促进法》为代表,包括国家的劳动就业方针,政府为劳动者创造就业条件,提供就业服务、预防失业等方面的责任与措施。

(2)劳动合同制度。劳动合同制度是规范劳动者与用人单位之间经协商达成的合同关系的法律制度。

(3)集体谈判和集体合同制度。集体谈判和集体合同制度是缓解劳资矛盾、构建和谐劳动关系的有效手段,是劳动法的重要组成部分。

(4)劳动基准制度。劳动基准制度是国家为保护劳动者权益而制定的有关劳动条件与劳动待遇的最低标准。

(5)社会保险制度。社会保险制度是为劳动者在年老、患病、工伤、失业、生育等情况下能够从国家和社会获得物质帮助和补偿的制度,是劳动者生活保障权的体现。

(6)劳动争议处理制度。劳动争议处理制度是协调劳动关系、解决劳动争议纠纷、维护劳动关系主体权益的重要途径。

(7)劳动监察制度。劳动监察制度是国家劳动监察机关对用人单位执行劳动法律、法规的情况依法进行监督检查,以确保劳动法的贯彻实施的制度,是劳动争议解决的方式之一。

📖 阅读故事

当好劳动者的"娘家人"

在遇到维权事件时,工会是劳动者依靠的"娘家"。云南省安宁市有这样一位"娘家人",他用 18 年的农民工维权路,抒写了基层工会为劳动者排忧解难的一曲赞歌。秉持着"组织起来,切实维权"的工作方针,2004 年开始,朱绍宏共建立基层工会 175 个,在云南省率先建立了农民工维权站、职工维权帮扶中心,签订维权协商相关文件四份,切实为他们排忧解难。

截至2022年4月13日,朱绍宏通过工会为农民工调处维权事件176余起,涉及农民工3 100人,追讨工资3 500万余元,调处工伤赔付金额257万余元,协调辞退职工经济补偿4.9万元。如何从源头上减少劳工维权纠纷是朱绍宏朝思暮想的问题。经过整理过往的维权经验,再结合劳工权益相关法律,朱绍宏探索出了《农民工权益监督约定书》《工资集体协商合同》《维权意见书》三份建立在劳工权益上,充分发挥工会能量的文书。三年以来,这三份文书已经在100多家施工单位落地,实质上减少维权事件30%~40%。让农民工的权益得到保障,问题得到解决,工作生产多了一份放心,维权工作成果即将在昆明甚至全省得到巩固。然而,朱绍宏认为自己还在路上。

作为一名基层工会工作者,朱绍宏对群众的疾苦有着深深的共情。疫情之下,他心系困难企业和贫困职工,办理贷款、安置就业、捐赠物资……朱绍宏用实际行动为人民群众担当着、付出着,继续践行着扶贫助困、爱岗敬业、诚信友善的精神。"有难处找工会"是朱绍宏想传递给每一位农民工的关心和关怀。维权工作时他铁骨铮铮,关照农民工兄弟时他又古道热肠。每一次维权,就是一次守护,守护的是一个家庭、一种精神。

(资料来源:徐前,朱红霞.农民工维权人朱绍宏:当好劳动者的"娘家人"[EB/OL].(2022-08-12)[2024-05-24].http://yn.people.com.cn/BIG5/n2/2022/0812/c372456-40078183.html.)

思考

如果今后你遇到劳动者权益被侵害的问题,你会如何维权?

第二课　劳动法对劳动者的保护

一、工资制度

(一)《中华人民共和国劳动法》中的工资

一般而言,劳动者从事职业劳动的主要目的是获取工资,不同的是每个人的工资数额、构成和形式存在或多或少的差异。工资有广义和狭义之分。广义上的工资包括人们从事各种劳动而获得的货币或实物收入,但劳动法中的工资,即狭义的工资,指用人单位依据劳动合同约定或国家法律规定,以法定货币的形式直接支付给劳动者本人的劳动报酬,一般包括基本工资、奖金、津贴、补贴、加班加点工资以及特殊情况下支付的工资等,但不包括支付给劳动者的保险福利费用和其他非劳动收入。

（二）工资的形式

工资从构成形式而言,主要包括计时工资和计件工资;辅助工资形式主要有奖金、津贴和补贴。

1.计时工资和计件工资

计时工资是根据计时工资标准和工作时间支付给劳动者的工资。一般分为月工资标准、日工资标准和小时工资标准。劳动者全勤,按月工资标准支付工资;劳动者缺勤或加班加点,按日工资标准或小时工资标准扣发或加发工资。计件工资不直接用劳动时间来计量劳动报酬,而是用一定时间内的劳动成果数量来计算,是对已做工作按计件单价支付的劳动报酬。

2.奖金

奖金是支付给劳动者的超额劳动报酬和增收节支的劳动报酬。奖金的种类繁多,主要有超产奖、质量奖、节约奖、安全奖和综合奖等。

3.津贴和补贴

津贴是为了补偿劳动者特殊或额外的劳动消耗而支付给职工的劳动报酬,是一种经济补偿。补贴是为了保障劳动者的工资水平不受特殊因素的影响而支付给劳动者的工资,如为了保证劳动者工资水平不受物价上涨影响而支付的补贴。

（三）最低工资制度

最低工资是指劳动者在法定工作时间或劳动合同约定的工作时间内提供了正常劳动的前提下,用人单位依法应支付的法定最低劳动报酬。需要注意的是,最低工资的适用以劳动者提供正常劳动为前提,并且最低工资标准是政府制定的,劳动关系双方无权自行协商确定。

1.最低工资标准的确定因素

根据人力资源和社会保障部最低工资规定,确定和调整最低月工资标准,应参考当地就业者及其赡养人口的最低生活费用、城镇居民消费价格指数、职工个人缴纳的社会保险费和住房公积金、职工平均工资、经济发展水平、就业状况等因素。

2.最低工资标准的效力

最低工资标准依法制定,具有法律效力,劳动合同和集体合同中约定的工资标准不得低于当地最低工资标准;劳动者依法享受带薪年休假、婚丧假、产假等国家规定的休假期间,以及法定工作时间内依法参加社会活动时,用人单位不得向劳动者支付低于当地最低工资标准的工资。

二、工作时间制度

（一）工作时间的概念

工作时间是劳动者为用人单位从事生产和工作的时间,是衡量劳动者的劳动贡献和给付报酬的计算单位。劳动法中的工作时间具有基准性,有法定的标准长度和最长限度,具体包括实际完成生产和工作的时间、从事生产和工作所需要的准备和收尾时间、劳动者在生产和工作中需要自然中断的时间、连续从事有毒有害工作所需要的间歇时间、女职工哺乳时间、因公外出的时间以及依照法律规定或有关机关的指令履行公民义务的时间等。

（二）我国现行工作时间的法律规定

1.标准工时制度

标准工时制度是指由国家法律规定的职工在正常情况下从事工作的时间的制度。我国的标准工时制度为劳动者每日工作时间不超过 8 小时,每周工作时间不超过 40 小时,用人单位应当保证劳动者每周至少休息一日。任何单位和个人都不得擅自延长职工的工作时间。

📖 资料卡

标准工时制度中工作时间的计算

年工作日:365 天−104 天(休息日)−11 天(法定节假日)= 250 天。

季工作日:250 天÷4 季=62.5 天/季。

月工作日:250 天÷12 月=20.83 天/月。

工作小时数的计算:以月、季、年的工作日乘以每日的 8 小时。

2.特殊工时制度

特殊工时制度是特定工作岗位上的劳动者适用的工时制度。用人单位因工作性质或者生产特点的限制,如不能实行每日工作 8 小时、每周工作 40 小时标准工时制度,按照国家有关规定,可以实行其他工作和休息制度。常见的特殊工时制度主要包括不定时工时制和综合计算工时制。

(1)不定时工作制的基本特点是劳动者每日没有固定工作时数的限制,可以长于或短于标准工作日。不定时工作制不受劳动法对于延长工作时间的限制,并且超过标准工作时间的部分不算延长工作时间,不用支付报酬;短于标准工作时间的,也不扣发劳动报酬。但这并不意味着法律对不定时工作时间毫无限制,一般而言,用人单位仍应以标准工作时间为依据,按照法定的审批手续报批后,在保障劳动者身体健康和听取劳动者意见的前提下,通过采用集中工作、集中休息、轮休调休、弹性工作时间等方式,兼顾生产任务的完成和劳动者休息权的实现。

(2)综合计算工时制主要适用于工作性质特殊、需连续作业或受季节及自然条件限制的企业,其特殊之处在于以周、月、季或年为周期综合计算劳动者的工作时间。综合计算工时工作制下职工的平均月工作时间和周工作时间应与标准工作时间基本相同,超过法定标准工作时间部分视为加班时间,应支付职工加班工资。实行综合计算工时制必须办理审批手续。

(三)延长工作时间

延长工作时间是指劳动者的工作时数超过法律规定的标准工作时间。延长工作时间包括加班和加点时间。加班是职工在法定节日或公休日工作。加点是职工在标准工作日以外继续工作。需要注意的是,不定时工作制下不存在加班加点,而在综合计算工时制下周期内劳动者的实际工作小时数超过该周期内标准工作小时数时,超出的部分视为加点。

1.延长工作时间的限制

根据《中华人民共和国劳动法》第四十一条规定,用人单位由于生产经营需要,经与工会和劳动者协商后可以延长工作时间,一般每日不得超过一小时;因特殊原因需要延长工作时间的,在保障劳动者身体健康的条件下延长工作时间每日不得超过三小时,但是每月不得超过三十六小时。

2.延长工作时间的工资支付标准

劳动者延长工作时间,即增加了额外的工作量,需要付出更多的劳动和消耗。因此,用人单位安排劳动者延长工作时间的,一般情况下应当向劳动者支付加班费用。

根据《中华人民共和国劳动法》的规定,有下列情形之一的,用人单位应当按照下列标准支付高于劳动者正常工作时间工资的工资报酬;安排劳动者延长工作时间的,支付不低于工资的百分之一百五十的工资报酬;休息日安排劳动者工作又不能安排补休的,支付不低于工资的百分之二百的工资报酬;法定休假日安排劳动者工作的,支付不低于工资的百分之三百的工资报酬。

📋 资料卡

劳动者日工资、小时工资折算方法

根据人力资源和社会保障部通过的《关于职工全年月平均工作时间和工资折算问题的通知》(劳社部发〔2008〕3号),法定节假日用人单位应当依法支付工资,即折算日工资、小时工资时不剔除国家规定的11天法定节假日。

日工资=月工资收入÷月计薪天数

小时工资=月工资收入÷(月计薪天数×8小时)

月计薪天数=(365天−104天)÷12月=21.75天/月

三、休息休假制度

休息休假是指劳动者按法律规定不需要从事生产和工作,可自行支配的时间。

(一)法定节假日

法定节假日是由国家法律、法规统一规定的用于欢度节日、开展纪念、庆祝活动的休息时间。根据《国务院关于修改〈全国年节及纪念日放假办法〉的决定》(中华人民共和国国务院令第644号)的规定,用人单位在下列节日期间应当依法安排劳动者休假:新年、春节、清明节、劳动节、端午节、中秋节、国庆节,共计11日。

📋 资料卡

我国法定节假日

1.全体公民放假的节日

(1)新年,放假1天(1月1日)。

(2)春节,放假3天(农历正月初一、初二、初三)。

(3)清明节,放假1天(农历清明当日)。

(4)劳动节,放假1天(5月1日)。

(5)端午节,放假1天(农历五月初五当日)。

(6)中秋节,放假1天(农历八月十五当日)。

(7)国庆节,放假3天(10月1日~10月3日)。

2.部分公民放假的节日及纪念日

(1)妇女节(3月8日),妇女放假半天。

(2)青年节(5月4日),14至28周岁的青年放假半天。

(3)儿童节(6月1日),不满14周岁的儿童放假1天。

(4)中国人民解放军建军纪念日(8月1日),现役军人放假半天。

(二) 带薪年休假

带薪年休假(以下简称"年休假")是法律规定的职工满一定工作年限后,每年享有的带薪休假制度。具体的休假天数由工龄决定,累计工作已满1年不满10年的,年休假5天;已满10年不满20年的,年休假10天;已满20年的,年休假15天。用人单位确因工作需要不能安排职工休年休假的,经劳动者同意,可以不安排职工休年休假。对劳动者应休未休的年休假天数,单位应当按照劳动者日工资收入的300%支付年休假工资报酬。

(三) 探亲假

探亲假是指与父母或配偶分居两地的职工,每年享有的与父母或配偶团聚的假期。我国探亲假的具体假期为:职工探望配偶的,每年给予一方探亲假一次,假期为30天。未婚职工探望父母,原则上每年给假一次,假期为20天。如果因为工作需要,本单位当年不能给予假期,或者职工自愿两年探亲一次,可以两年给假一次,假期为45天。已婚职工探望父母的,每四年给假一次,假期为20天。

(四) 产假

《中华人民共和国劳动法》第六十二条规定,女职工生育享受不少于九十天的产假。从有利于女职工身体恢复和母乳喂养的角度,2012年4月修订的《女职工劳动保护特别规定》(中华人民共和国国务院令第619号)将生育产假假期延长至98天,其中产前可以休假15天;难产的,增加产假15天。生育多胞胎的,每多生育1个婴儿,增加产假15天。同时为保障流产女职工的权益,明确了流产产假,规定:女职工怀孕未满4个月流产的,享受15天产假;怀孕满4个月流产的,享受42天产假。

四、社会保险制度

(一) 社会保险的概念

社会保险是国家通过立法建立的一种强制保障制度,目的是使劳动者在面临年老、患病、工伤、失业、生育等社会风险的情况下能够获得国家和社会的经济补偿和帮助。社会保险具有分散社会风险和消化损失的功能,通过社会保险能够使得劳动者在遭遇社会风险的情况下仍能继续维持基本生活水平,同时保障劳动力再生产和扩大再生产的正常运行,保证社会安定。中国的社会保险具有强制性,其保险范围、种类、标准,保险金的缴纳、发放都由法律明确规定,用人单位和劳动者不能随意变更或放弃投保。

(二) 社会保险的种类

1.基本养老保险

基本养老保险是劳动者达到法定退休年龄并从事职业劳动达到法定年限后,由国家和社会依法给予一定物质帮助,以维持其老年生活的一种社会保险制度。基本养老保险制度是为解决劳动者年老丧失劳动能力时的生活而设立的。职工参加基本养老保险由用人单位和职工共同缴纳基本养老保险费。

2.基本医疗保险

基本医疗保险是对于劳动者患病或非因工负伤,发生困难时给予一定经济援助的一种社会保险制度,职工基本医疗保险由用人单位和职工按照国家规定共同缴纳基本医疗保险费。

3.工伤保险

工伤保险又称"职业伤害保险",是劳动者在工作中或法定的特殊情况下发生意外事故,或因职业性有害因素危害而负伤(或患职业病)、致残、死亡时,对本人或供养亲属给予物质帮助和经济补偿的一种社会保障制度。工伤分为两种情况：一种是应当认定为工伤的情形，另一种是视同工伤的情形，如表 2-1 所示。职工被认定为工伤或者视同工伤的，按规定享受相应的工伤保险待遇。工伤保险费由用人单位缴纳，劳动者无须缴纳。

表 2-1　工伤的类型及具体情况

类型	具体情况
应当认定为工伤的情形	在工作时间和工作场所内，因工作原因受到事故伤害的
	工作时间前后在工作场所内，从事与工作有关的预备性或者收尾性工作受到事故伤害的
	在工作时间和工作场所内，因履行工作职责而受到暴力等意外伤害的
	患职业病的
	因工外出期间，由于工作原因受到伤害或者发生事故下落不明的
	在上下班途中，受到非本人主要责任的交通事故或者城市轨道交通、客运轮渡、火车事故伤害的
	法律、行政法规规定应当认定为工伤的其他情形
视同工伤的情形	在工作时间和工作岗位，突发疾病死亡或者在 48 小时之内经抢救无效死亡的
	在抢险救灾等维护国家利益、公共利益活动中受到伤害的
	职工原在军队服役，因战、因公负伤致残，已取得革命伤残军人证，到用人单位后旧伤复发的

4.失业保险

失业保险是以保障劳动者因各种原因失去工作，在重新恢复工作期间的基本生活需要而设立的社会保障制度。由用人单位和职工按照国家规定共同缴纳失业保险费。

5.生育保险

生育保险是国家通过立法，在职业妇女因生育子女而暂时中断劳动时，由国家和社会及时给予生活保障和物质帮助的一种社会保险制度。职工应当参加生育保险，由用人单位按照国家规定缴纳生育保险费，职工不缴纳生育保险费。

领悟劳动之美

劳动之美无处不在，只要我们用心体会，那些看似庄严肃穆的劳动法律，也能让我们领悟到劳动之美。

劳动法律旨在保护劳动者的合法权益，包括合理的工作时间、休息休假、工资待遇、社会保险等。这些法律规定体现了对劳动者的尊重和关怀，使劳动者在平等、公正的环境中工作，从而感受到劳动的价值。此为尊重之美。

劳动法律规定禁止就业歧视，保障所有劳动者享有平等的就业机会。这有助于创造一个公平竞争的劳动市场，让每个人都有机会通过自己的努力实现职业发展，体现个人价值。此为平等之美。

劳动法律要求用人单位提供安全的工作环境和必要的健康保护措施，防止职业病和工伤事故的发生。这体现了对劳动者生命安全和身体健康的重视，使劳动者能够在健康的环境中从事生产活动。此为健康之美。

劳动法律规定了劳动合同、集体合同、劳动争议处理等制度，为劳动关系的稳定提供了法律保障。这有助于维护和谐的劳动关系，使劳动者能够在有序的环境中进行劳动，享受劳动成果。此为秩序之美。

劳动法律鼓励技术创新和团队合作，通过知识产权保护、技术成果转化等规定，激发劳动者的创新热情,促进科技进步和产业发展。此为创新与合作之美。

劳动法律还关注劳动者的职业培训和终身学习,鼓励劳动者提升自身技能和知识水平。这不仅有助于个人发展,也提升了整个社会的劳动生产率和竞争力,更加体现了劳动之美的长远意义。

> **？ 思考**
>
> 你对劳动法律所体现的劳动之美有什么感悟?
>
> _____
>
> _____
>
> _____

第三课　劳动合同与职业保障

劳动合同制度是劳动法的核心内容。自劳动合同制度实施以来,劳动合同已经成为调整劳动关系的必备基础。同时,劳动合同也是用人单位和劳动者发生劳动争议时最重要的证据。在订立、变更、解除和终止劳动合同时,需要严格遵守法律法规,否则就存在潜在的法律风险。

一、劳动合同的订立

(一)劳动合同的形式

依据《中华人民共和国劳动合同法》的规定,只要用人单位与劳动者建立劳动关系,就应当及时签订书面劳动合同,否则将承担相应的法律责任。具体而言,用人单位应当在用工之日起一个月内与劳动者签订书面劳动合同;超过一个月不满一年未与劳动者订立书面劳动合同的,应当向劳动者每月支付二倍的工资,并与劳动者补订书面劳动合同;满一年仍未与劳动者订立书面劳动合同的,将被视为已与劳动者订立无固定期限劳动合同,同时仍应立即与劳动者补订书面劳动合同。需要注意的是,劳动关系自用人单位用工之日起开始建立,劳动关系的建立和劳动合同的签订没有直接的关系,只取决于劳动用工开始的时间。

(二)劳动合同订立过程中的义务

1.用人单位的告知义务

用人单位在招用劳动者时应将工作内容、工作条件、工作地点、职业危害等劳动者需要了解或要求了解的情况如实告知劳动者;将直接涉及劳动者利益的规章制度和重大决定予以公示或告知劳动者。

2.劳动者的告知义务

用人单位有权了解劳动者与劳动合同直接相关的基本情况。例如,劳动者在求职时的受雇状况及以往的工作经历,劳动者的教育背景、培训情况和职业技术等级等,劳动者应当如实告知用人单位。但与劳动合同不直接相关的内容,用人单位无权要求劳动者告知。

3.用人单位的禁止行为

用人单位招用劳动者,不得扣押劳动者的居民身份证和其他证件,不得要求劳动者提供担保或者以其他名义向劳动者收取财物。

(三)劳动合同的期限

劳动合同的期限分为固定期限、无固定期限和以完成一定工作任务为期限三种类型。固定期限劳动合同中用人单位与劳动者约定明确的合同终止时间。以完成一定工作任务为期限的劳动合同中用人单位与劳动者约定以某项工作的完成为合同终止的时间,本质上仍属于特殊的固定期限劳动合同,只是表现形式不同。

无固定期限劳动合同与固定期限劳动合同相对,是用人单位与劳动者没有明确终止时间的劳动合同。与固定期限劳动合同相比,无固定期限劳动合同更有利于维持劳动关系的稳定,因此我国设立了无固定期限劳动合同的法定适用情形。根据《中华人民共和国劳动合同法》第十四条规定,有下列情形之一,劳动者提出或者同意续订、订立劳动合同的,除劳动者提出订立固定期限劳动合同外,应当订立无固定期限劳动合同:第一,劳动者在该用人单位连续工作满十年的;第二,用人单位初次实行劳动合同制度或者国有企业改制重新订立劳动合同时,劳动者在该用人单位连续工作满十年且距法定退休年龄不足十年的;第三,连续订立二次固定期限劳动合同,且劳动者没有该法第三十九条和第四十条第一项、第二项规定的情形,续订劳动合同的。

无固定期限劳动合同不等同于长期劳动合同,在合同履行过程中,如果存在法定的劳动合同解除情形,用人单位依然可以依法结束双方的劳动关系。

(四)劳动合同的内容

1.必备条款

劳动合同的必备条款是指法律要求劳动合同必须具备的条款。必备条款的设置是防止劳动合同双方当事人权利和义务的约定不明确,引发后续纠纷。根据《中华人民共和国劳动合同法》第十七条的规定,劳动合同应当具备以下条款:用人单位的名称、住所和法定代表人或者主要负责人;劳动者的姓名、住址和居民身份证或者其他有效身份证件号码;劳动合同期限;工作内容和工作地点;工作时间和休息休假;劳动报酬;社会保险;劳动保护、劳动条件和职业危害防护;法律、法规规定应当纳入劳动合同的其他事项。劳动合同除前款规定的必备条款外,用人单位与劳动者还可以约定试用期培训、保守秘密、补充保险和福利待遇等其他事项。

2.试用期条款

试用期是劳动合同双方当事人约定的一段互相考察的时间。试用期内,一方面用人单位可以考察劳动者是否符合录用条件,另一方面劳动者也可以考察自己是否胜任岗位和是否适应单位的工作环境。关于试用期条款需注意以下内容:试用期包含在劳动合同期限内,不能独立于劳动合同单独存在。试用期有法定的上限,劳动合同主体不得通过约定突破这一上限。同一用人单位与同一劳动者只能约定一次试用期;试用期工资不得低于法定标准。根据《中华人民共和国劳动合同法实施条例》第十五条的规定,试用期工资不得低于本单位相同岗位最低档工资的80%或者不得低于劳动合同约定工资的80%,并不得低于用人单位所在地的最低工资标准。

3.服务期条款

用人单位为劳动者提供专项培训费用,对劳动者进行劳动技术培训,相对应地,劳动者应当为用人单位工作届满一定的服务期限,这个期限就是服务期。用人单位为劳动者的专项培训所支出的资金一般是超出国家规定的职工教育经费的,因此,接受培训的劳动者应当在双方约定的服务期内继续留在单位工作,以补偿培训所花费的费用,如果不能完成服务期,就应当承担违约金责任。同时,法律对劳动者承担的违约金设置了上限,从而避免出现用人单位向培训后"跳槽"的劳动者胡乱要价。

4.竞业限制条款

竞业限制是指一定范围的劳动者在任职期间或离职后的特定时期不得就业于竞争公司或进行竞争性营业活动。竞业限制是通过对劳动者自由择业权进行一定程度的限制来保护用人单位商业秘密的一种手段,《中华人民共和国劳动合同法》第二十三、二十四条对竞业限制条款做出了明确规定。对负有保密义务的劳动者,用人单位可以在劳动合同或者保密协议中与劳动者约定竞业限制条款,同时还需要约定在竞业限制期限内按月给予劳动者经济补偿。如果劳动者违反竞业限制约定则需要支付违约金。但竞业限制的人员仅限于用人单位的高级管理人员、高级技术人员和其他负有保密义务的人员,并且竞业限制期限最多不得超过两年。

二、劳动合同的变更

劳动合同的变更是指在劳动合同履行过程中,当事人一方或双方对劳动合同的内容提出修改或补充,重新确立双方当事人权利义务的法律行为。劳动合同变更包括协商变更和法定变更。协商变更即双方当事人经过协商对劳动合同规定的某些内容进行修改。法定变更则是根据法律规定对劳动合同的主体和内容进行变更。

《中华人民共和国劳动合同法》第三十三、三十四条说明了用人单位出现名称、法定代表人、主要负责人或者投资人等事项的变更,以及发生合并或者分立等变化,在这些情形下,劳动合同的履行不发生变化。在法定变更之外,用人单位和劳动者都不能单方变更劳动合同的内容。实践中,经常有用人单位以拥有经营自主权为由,单方变更劳动者的工资、岗位、工作地点以及其他劳动待遇。如果这些变更事先未征得劳动者的同意则是违法行为,变更后的劳动合同无效。

三、劳动合同的解除与终止

劳动合同解除与终止都导致劳动法律关系结束,其区别在于两者发生的时间不同:前者发生在劳动合同有效期届满或者履行完毕之前,而后者发生在劳动合同有效期届满或者履行完毕之时。

劳动合同解除是指在劳动合同订立以后,有效期届满或者履行完毕之前,当事人双方提前结束劳动合同效力的法律行为。劳动合同的解除可分为协商解除和单方解除,单方解除又可分为劳动者单方解除和用人单位单方解除两种情形。

劳动合同的终止是指由于一定的法律事实,劳动合同的法律效力终止,劳动者与用人单位之间的劳动关系不复存在。

(一)劳动合同的解除

1.协商解除劳动合同

劳动合同是由双方当事人协商达成的,在履行过程中,双方当事人也有权再通过协商解除劳动合同。当事人协商一致既是劳动合同协商解除的程序,又是协商解除的条件。

2.劳动者单方解除劳动合同

劳动者在一定条件下可以不经用人单位同意而单方解除劳动合同,具体包括预告解除、即时解除和立即解除三种情形。

(1)劳动者预告解除劳动合同:劳动者提前30日以书面形式通知用人单位(在试用期内须提前3日),

即可以解除劳动合同。此时劳动者只需履行预告程序，无须用人单位批准，预告期满后劳动者即可离职。需要注意的是，劳动者一定要自觉履行预告程序，为用人单位寻找新的劳动者提供必要的准备时间。

（2）劳动者即时解除劳动合同：根据《中华人民共和国劳动合同法》第三十八条的规定，用人单位存在下列情形之一的，劳动者可以解除劳动合同：未按照劳动合同约定提供劳动保护或者劳动条件的；未及时足额支付劳动报酬的；未依法为劳动者缴纳社会保险费的；用人单位的规章制度违反法律、法规的规定，损害劳动者权益的；因该法第二十六条第一款规定的情形致使劳动合同无效的；法律、行政法规规定劳动者可以解除劳动合同的其他情形。由于劳动者有正当理由提出解除劳动合同，因此无须履行预告程序，只要随时通知用人单位即可解除劳动合同。

（3）劳动者立即解除劳动合同：当劳动者遭遇用人单位强迫劳动，或者实施危及劳动者人身安全的行为时，劳动者可以立即解除劳动合同，不需要事先告知用人单位。因为劳动者的生命安全是最重要的，一旦遭遇危险，可以行使立即解除权。

3.用人单位单方解除劳动合同

用人单位单方解除劳动合同的原因可以分为两类：一是劳动者的原因，二是用人单位的原因。具体的劳动合同解除情形有三种。

（1）过错性辞退主要是针对劳动者存在过错的情况，用人单位不需要提前预告劳动者即可以单方解除劳动合同。根据《中华人民共和国劳动合同法》第三十九条规定，劳动者有以下情形之一的，用人单位可以解除劳动合同：在试用期间被证明不符合录用条件的；严重违反用人单位的规章制度的；严重失职，营私舞弊，给用人单位造成重大损害的；劳动者同时与其他用人单位建立劳动关系，对完成本单位的工作任务造成严重影响，或者经用人单位提出，拒不改正的；因该法第二十六条第一款第一项规定的情形致使劳动合同无效的；被依法追究刑事责任的。

（2）无过错性辞退。当劳动者不能胜任工作或因客观原因导致劳动合同无法履行时，用人单位可以对劳动者进行无过错性辞退。根据《中华人民共和国劳动合同法》第四十条规定，有下列情形之一的，用人单位提前三十日以书面形式通知劳动者本人或者额外支付劳动者一个月工资后，可以解除劳动合同：劳动者患病或者非因工负伤，在规定的医疗期满后不能从事原工作，也不能从事由用人单位另行安排的工作；劳动者不能胜任工作，经过培训或者调整工作岗位，仍不能胜任工作的；劳动合同订立时所依据的客观情况发生重大变化，致使劳动合同无法履行，经用人单位与劳动者协商，未能就变更劳动合同内容达成协议的。

（3）经济性裁员是指用人单位生产经营状况发生重大变化时，通过大量辞退劳动者改善生产经营状态的经济手段。在我国，裁减人员20人以上或者裁减不足20人但占企业职工总数10%以上的，属于经济性裁员。由于经济性裁员将引发大量的劳动者失业，对社会稳定造成不利影响，因此《中华人民共和国劳动合同法》对此进行了严格的规制，用人单位必须依照法定的条件和程序与被裁减人员解除劳动合同。

（二）劳动合同终止的原因

根据《中华人民共和国劳动合同法》第四十四条规定，有下列情形之一的，劳动合同终止。

（1）劳动合同期满的。

（2）劳动者开始依法享受基本养老保险待遇的。

（3）劳动者死亡，或者被人民法院宣告死亡或者宣告失踪的。

（4）用人单位被依法宣告破产的。

（5）用人单位被吊销营业执照、责令关闭、撤销或者用人单位决定提前解散的。

（6）法律、行政法规规定的其他情形。

（三）劳动合同解除与终止的经济补偿金

经济补偿金是因不可归责于劳动者主观过错的原因解除或终止劳动合同时,用人单位按照法律规定支付给劳动者的生活补助费,目的是为劳动者在结束原有劳动关系寻找到新的工作之间提供一定的生活保障。

1.经济补偿金的适用条件

根据《中华人民共和国劳动合同法》第四十六条规定,有下列情形之一的,用人单位应当向劳动者支付经济补偿:劳动者依照该法第三十八条规定解除劳动合同的;用人单位依照该法第三十六条规定向劳动者提出解除劳动合同并与劳动者协商一致解除劳动合同的;用人单位依照该法第四十条规定解除劳动合同的;用人单位依照该法第四十一条第一款规定解除劳动合同的;除用人单位维持或者提高劳动合同约定条件续订劳动合同,劳动者不同意续订的情形外,依照该法第四十四条第一项规定终止固定期限劳动合同的;依照该法第四十四条第四项、第五项规定终止劳动合同的;法律、行政法规规定的其他情形。

2.经济补偿金的支付标准

按照《中华人民共和国劳动合同法》的规定,经济补偿按劳动者在本单位工作的年限,每满一年支付一个月工资的标准向劳动者支付。六个月以上不满一年的,按一年计算;不满六个月的,向劳动者支付半个月工资的经济补偿。劳动者的月工资高于用人单位所在直辖市、设区的市级人民政府公布的该地区上年度职工月平均工资三倍的,用人单位按照当地职工月平均工资三倍的数额支付经济补偿金,向其支付经济补偿金的年限最高不超过十二年。

📹 观看电影

《信念》

劳动权益保护是社会文明进步的标志,也是我们每个人义不容辞的责任。

《信念》是我国首部反映劳动保障监察工作,宣传劳动保障法律、法规的电影。该影片艺术性地刻画了基层劳动保障监察工作者爱岗敬业、切身关心群众、敢于面对困难、无私奉献的感人形象,讲述了劳动保障监察员雷科长、程晓宇等同志坚持维护职工权益与促进企业健康发展相统一,努力构建和谐劳动关系的故事;传递了党和政府积极化解劳动矛盾,促进劳动关系朝着规范化、公正合理、和谐稳定方向健康发展的决心和信心。

劳动权益保护不仅仅是经济问题,更是社会公正和人权问题。每一个劳动者都应该得到尊重和公平对待,他们的辛勤付出应当得到应有的回报。社会的进步和文明不仅仅体现在物质财富的增长上,更体现在对每一个人尊严和权利的保障上。

❓ 思考

为什么说劳动权益保护不仅仅是经济问题,更是社会公正和人权问题?

第四课 劳动争议的处理

劳动者在工作中可能会遇到劳动纠纷,如果处理不当,会影响正常的工作和未来的职业发展。认识劳动争议处理机制,可以未雨绸缪,有备无患。在遇到争议时,以恰当的方式进行处理,可以最大限度地减少负面影响,更好地实现职业发展。

一、劳动争议处理机制

劳动争议又称为"劳动纠纷"。劳动法视野范围内的劳动争议仅指劳动关系双方当事人之间因劳动权利和劳动义务所发生的争议。劳动争议处理机制是由劳动争议处理的各种机构和方式在劳动争议处理过程中的各自地位和相互关系所构成的有机整体。中国法律规定的劳动争议处理方式包括协商、调解、仲裁和诉讼四种,并形成了一个从用人单位内部、工会,到劳动争议仲裁部门直至人民法院,从自力救济到公力救济的多元化劳动争议处理机制。

二、劳动争议调解

劳动争议调解是指法定的劳动争议调解组织基于中立的第三方角色对争议当事人双方进行疏导、说服,促使双方在互谅互解的基础上达成调解协议的纠纷解决方式。

(一)劳动争议调解组织

中国法定的劳动争议调解组织分为三级,包括企业劳动争议调解委员会,依法设立的基层人民调解组织,在乡镇、街道设立的具有劳动争议调解职能的组织。以上调解组织的建立改变了原来劳动争议调解组织和途径的单一化,为更多的社会调解机构依法参与劳动争议调解工作,充分发挥社会力量在解决劳动争议中的作用提供了途径。

(二)劳动争议调解程序

根据《中华人民共和国劳动争议调解仲裁法》(简称《劳动争议调解仲裁法》)的规定,劳动争议调解的具体程序如下。

(1)调解申请。劳动争议的双方当事人以一定方式向劳动争议调解组织提出调解的请求,申请调解是启动调解程序的必要步骤。

(2)调解受理。劳动争议调解组织在收到劳动争议当事人的申请后,经过审查,决定接受申请,启动调解行为。

(3)进行准备工作。劳动调解组织受理当事人的申请后应进行必要的准备工作,具体包括:一是对申请人进行告知和征询,二是对争议案件情况进行调查分析。

(4)实施调解。实施调解是劳动争议调解的中心环节,直接关系到调解的成效。调解的形式主要有直接调解、间接调解和召开会议调解三种。实施调解的结果有两种:一是调解达成协议,依法制作调解协议书;二是调解不成或未达成协议,要做好记录并制作调解处理意见书。

(5)调解执行。调解协议达成后,争议双方执行调解协议书。

(三) 劳动争议调解协议的法律效力

达成调解协议后,一方当事人在协议约定期限内不履行调解协议的,另一方当事人可以依法申请仲裁。对于因支付拖欠工资报酬、工伤医疗费、经济补偿或者赔偿金事项达成的调解协议,如果用人单位不履行,劳动者可以依法向人民法院申请支付令。

三、劳动争议仲裁

劳动争议仲裁是法律授权的仲裁机构根据法律的规定和当事人的申请,以第三者的身份,依法对劳动争议进行调解和裁决的法律制度。在中国,劳动仲裁是劳动争议诉讼的必经程序。

(一) 劳动仲裁的受理范围

根据《劳动争议调解仲裁法》第二条规定,中华人民共和国境内的用人单位与劳动者之间的下列劳动争议,适用该法。

(1)因确认劳动关系发生的争议。

(2)因订立、履行、变更、解除和终止劳动合同发生的争议。

(3)因除名、辞退和辞职、离职发生的争议。

(4)因工作时间、休息休假、社会保险、福利、培训以及劳动保护发生的争议。

(5)因劳动报酬、工伤医疗费、经济补偿或者赔偿金等发生的争议。

(6)法律、法规规定的其他劳动争议。

此外,根据《最高人民法院关于审理劳动争议案件适用法律问题的解释(一)》第二条,下列纠纷不属于劳动争议的情形:劳动者请求社会保险经办机构发放社会保险金的纠纷;劳动者与用人单位因住房制度改革产生的公有住房转让纠纷;劳动者对劳动能力鉴定委员会的伤残等级鉴定结论或者对职业病诊断鉴定委员会的职业病诊断鉴定结论的异议纠纷;家庭或者个人与家政服务人员之间的纠纷;个体工匠与帮工、学徒之间的纠纷;农村承包经营户与受雇人之间的纠纷。

(二) 劳动仲裁的程序

劳动仲裁的程序分为申请、受理、仲裁准备、开庭和裁决、裁决生效与执行五个主要阶段。

(1)申请。申请劳动仲裁一般应当提交书面的劳动仲裁申请书,如果劳动者确实有困难不能书面申请的,可以口头申请,由劳动仲裁委员会记入笔录并告知对方当事人或用人单位。

(2)受理。劳动仲裁委员会收到仲裁申请之日起五日内,应查明当事人的申请是否符合法定条件,符合受理条件的,应当受理,并通知申请人;认为不符合受理条件的,应当书面通知申请人不予受理,并说明理由。

(3)仲裁准备。根据《劳动争议调解仲裁法》第三十条规定,劳动仲裁委员会受理仲裁申请后,应当在五日内将仲裁申请书副本送达被申请人。被申请人收到仲裁申请书副本后,应当在十日内向劳动仲裁委员会提交答辩书。劳动仲裁委员会收到答辩书后,应当在五日内将答辩书副本送达申请人。被申请人未提交答辩书的,不影响仲裁程序的进行。

(4)开庭和裁决。仲裁委员会、仲裁庭在当事人及其他仲裁参与人的参加下,依照法定程序对案件进行实体审理。如果调解不成或者调解书送达前,一方当事人反悔的,仲裁庭应及时做出裁决。

(5)裁决生效与执行。下列劳动争议,除《劳动争议调解仲裁法》另有规定的外,仲裁裁决为终局裁决,裁决书自作出之日起发生法律效力:追索劳动报酬、工伤医疗费、经济补偿或者赔偿金,不超过当地月最低工资标准十二个月金额的争议;因执行国家的劳动标准在工作时间、休息休假、社会保险等方面发生的争议。但以下两种情况除外：劳动者对以上仲裁裁决不服，自收到仲裁裁决书之日起十五日内向人民法院提起诉讼的；用人单位依法申请撤销裁决，仲裁裁决被人民法院裁定撤销的。

四、劳动争议诉讼

当事人对劳动仲裁裁决不服的，可以在法定时间内向人民法院提起诉讼。诉讼是保护劳动者合法权益的最后一道屏障，体现了司法最终救济原则。由于中国没有设立专门的劳动法院、劳动法庭，也没有劳动争议诉讼程序法，因而，目前劳动争议诉讼适用《中华人民共和国民事诉讼法》规定的程序，实行两审终审制，并由各级人民法院的民事审判庭受理，程序上包括劳动争议案件的起诉、受理、调查取证、审判和执行等一系列诉讼程序。

(一) 劳动争议诉讼的程序

劳动争议诉讼程序包括一审程序、二审程序和审判监督程序。与二审、审判监督等程序相比，一审具有程序完整和适用广泛的特点，在劳动争议诉讼中的地位最为重要。一审程序包括起诉和受理、庭审前准备、开庭审理和判决四个阶段，其中庭审前准备、开庭审理与劳动争议仲裁程序相同。

1.起诉和受理

劳动争议诉讼实行"不告不理"原则，因此，起诉和受理是劳动争议诉讼的启动程序。劳动争议诉讼阶段的立案材料与劳动仲裁阶段提供的材料相似，均须提交书面的起诉状、相关证据材料以及原、被告身份信息材料，并将劳动仲裁裁决原件及复印件一并提交。

2.判决

人民法院在对劳动争议案件进行审理后，根据案件的不同情况，作出劳动争议裁定书、劳动争议调解书和劳动争议判决书。其中，劳动争议裁定书是人民法院在审理和执行过程中，就程序问题或部分实体问题所制作的文书。劳动争议调解书是在人民法院的主持下，对争议双方说服教育，当事人双方协商一致达成的协议。该调解书与劳动争议判决书、劳动争议裁定书具有同等的效力，经双方当事人签收后便具有法律强制力，一方拒绝履行的，对方当事人可以向人民法院申请强制执行。如果未调解成或者调解书送达前一方当事人反悔的，人民法院应当及时作出判决。

(二) 劳动争议诉讼的举证责任

劳动争议诉讼过程中，举证责任的分配基本上参照民事诉讼举证规则，即实行"谁主张，谁举证"原则，但基于劳动争议双方当事人在举证能力上的差异，法律考虑到用人单位在证据的收集和掌握方面具有优势，对举证责任作出了特殊规定，在一定条件下将举证责任转移给用人单位，实行"举证责任倒置"。根据《最高人民法院关于审理劳动争议案件适用法律问题的解释(一)》第四十四条的规定，因用人单位作出的开除、除名、辞退、解除劳动合同、减少劳动报酬、计算劳动者工作年限等决定而发生的劳动争议，用人单位负举证责任。这就意味着，在这些劳动争议案件中，用人单位应当承担举证责任，如果用人单位提不出足够的证据证明其决定的合法性，则无须劳动者举证证明，用人单位就承担败诉的法律后果。根据《最高人民法院关于审理劳动争议案件适用法律问题的解释(一)》第四十二条的规定，劳动者主张加班费的，应当就加班事实的存在承担举证责任，但劳动者有证据证明用人单位掌握加班事实存在的证据，用人单位不提供的，由用人单位承担不利后果。

案例与思考

如何建立健康的劳动关系

小王刚刚到一家科技公司上班,当初公司正式录用小王时,与她签订了为期两年的劳动合同,并在合同中规定,试用期为两个月。可是,从上班的第一周开始,公司就找各种理由要求小王等员工加班,而且劳动强度非常大。为此,小王上班半个月后,就提出了辞职。谁料,小王的辞职请求却被公司拒绝了。小王现在很迷茫,不知道公司这种强迫自己继续工作的行为是不是可以作为她解除劳动关系的理由,如果劳动关系解除了,自己需不需要承担相应的法律责任。

思考

想一想,小王现在可以与用人单位解除劳动关系吗?请结合《中华人民共和国劳动法》说出你的理由。

实践活动：劳动法律我知道

活动目标

（1）了解当前劳动法律实践中的常见问题及其解决办法。

（2）深刻体会劳动法律在维护劳动者权益中的作用。

（3）深入理解和掌握劳动法律知识，提高解决实际问题的能力。

活动准备

1.培训学习

（1）明确目标。教师组织学生复习相关法律法规，并要求学生自行查阅最新的劳动法律资料，了解当前法律实践中的常见问题及其解决办法。教师指导学生制定考察企业的选择标准，确保实地考察的企业具有代表性和教育意义。

（2）做好活动的策划方案、安全预案。

（3）调动激情。各班级可组织学生观看有关劳动纠纷的法庭视频，邀请同学们发表对劳动纠纷的看法，调动同学们的激情。本活动旨在通过实地考察、模拟法庭和法律咨询等形式，使学生深刻体会劳动法律在维护劳动者权益中的作用。

2.联络沟通

班、团干部要事先联系班主任，与班主任沟通交流，汇报本次活动的目的、意义、方法，得到班主任的同意、支持和帮助。学生根据考察企业的选择标准联系好企业或工厂，以便后续实地考察。

3.人员分工

根据表2-2安排活动任务。

4.安全事项

（1）组织学习"劳动法律我知道"活动安全管理规定。

（2）提前向学校管理部门报备活动方案，进一步明确组织安排、人员分工、活动流程和安全责任。拟定安全承诺书，每个学生签字后留存备查。

（3）设计安全预案，填写"劳动法律我知道"活动安全预案申报表（见表2-3）。

5.物资准备

（1）准备好必要的考察工具，如笔记本、录音设备、调研问卷等。

（2）准备必需的个人防护物资，如口罩、手套等。

（3）准备好摄影、摄像器材。

（4）准备场地。

6.场地准备

活动场地安排在活动教室，同时注意活动结束后的清洁卫生。

表2-2 "劳动法律我知道"活动分组分工表

组织设置		工作内容	岗位职责
领导小组		由班长、团支书、宣传委员组成,推选出组长和副组长各一名。领导小组全面统筹劳动法律我知道活动工作	组长:起联系、协调作用等。 副组长:协助组长,监督活动的推进
工作小组	策划协调组	负责策划本次活动,并征求班主任、全班同学的意见和建议,联系和协调相关工作,设计预热活动方案、整理活动方案、宣传方案等	小组长:负责落实本组工作内容执行、组员管理、组内分工、组间协调合作。 组员:服从小组长管理,自觉遵守活动纪律,积极参与活动,在活动中团结协作
	案例收集组	调查全员的兴趣倾向,以此为标准划分小组,每组负责收集不同类型劳动争议的案例,如劳动合同争议、工资支付争议、工伤赔偿等	
	整理实施组	将最终收集好的劳动争议案例整理到一起,请全班同学讨论,并在模拟法庭的环节中使用	
	后勤物资组	组织全班学生讨论,充分收集整理意见和建议,统计出需要采购的物资,经费从班费中支出,或各组员自愿出资。要注意节约、朴素,注重环保	
	宣传编辑组	负责摄影,及时编写好新闻宣传报道,班级组织活动总结时进行介绍点评,同时收集学生对此次活动的感悟。经过教师指导修改后,报学校公众号、微博、校报等发布、刊登	

表2-3 "劳动法律我知道"活动安全预案申报表

申报班级		部门负责人(签字)	
活动内容		活动地点	
活动时间		参与学生	
带队教师			
活动安全预案			
分管部门意见			
分管副校长意见			
校长意见			

活动实施

1.精心组织

组织召开班、团干部会议,明确活动目的和意义。收集全班学生的意见和建议,整理归纳后召开一次主题班会,确认活动的具体内容,明确人员分工和任务。

2.活动过程

第一环节:实地考察

(1)学生小组前往事先联系好的企业或工厂,重点考察劳动合同的签订、执行和工作场所的实际情况。

(2)与企业的人力资源管理部门进行交流,了解企业在劳动法方面的实际操作,包括员工招聘、培训、考核及离职等。

(3)学生记录下考察过程中的情况和自身的感受,特别是企业劳动法律实施的优缺点及劳动者的合法权益保障情况。

第二环节:模拟法庭

(1)返回学校的活动教室后,学生根据实地考察的经验,选择合适的案例,进行模拟法庭的准备工作。

(2)学生分别扮演原告、被告、律师和法官等角色,正式开展模拟法庭辩论。

(3)模拟法庭结束后,教师对学生在案例分析、法律适用、辩论技巧等方面进行点评和指导。

(4)宣传编辑组做好拍照、录制短视频工作,用于后期宣传和班会分享交流;同时收集学生对此次活动的感悟,以便后续发表在学校官方平台。

3.收尾整理

(1)活动结束后,班主任对本次班级组织的活动进行总结和评价,指出优点和不足,并给予改进建议;全体学生有序离开活动教室。

(2)做好垃圾处理和工具整理工作。

4.活动注意事项

(1)安全第一,实地考察时遵守企业规章制度,注意个人安全。

(2)保持客观公正的态度,正确处理与企业人员的交流关系。

活动体会

我的收获:_____

_____

_____

我的感悟:_____

_____

_____

改进措施:_____

_____

_____

活动评价

根据表2-4进行活动评价。

表 2-4 活动评价表

评价项目	评价主体		
	自我评价	小组评价	教师评价
劳动观念			
劳动意识			
劳动习惯			
劳动态度			
劳动情感			
劳动知识			
劳动技能			
劳动素养			

注:评价分为四个等级,A 为优秀,B 为良好,C 为合格,D 为不合格。

劳动体验:职业体验之旅

活动名称	
活动时间	
活动地点	
活动目标	1.正确认识职业体验。 2.学习新知识,掌握新技能。 3.学会将理论知识与职业相结合
活动安全	1.活动前须对职业体验场所进行调查,要求职业体验中无易燃易爆、化学性烧伤和热烧伤等危险性大的作业。 2.活动过程中不得追逐、打闹、拥挤、大声喧哗
活动准备	1.由学校学生会形成初步的策划方案,并获得校方的支持。 2.了解职业体验之旅活动方案、纸质报告。 3.一年级学生进行全员通识培训,二年级学生已经有职业体验社会实践经验的则不进行全员培训。 4.各班团支书召开职业体验之旅社会实践任务布置会。 5.进行本班同学父母职业的统计,并结合每个同学的职业目标自愿组成职业体验活动小组,确定组长,填写要去体验的单位、体验的职业等相关信息的联系人。 6.家长填写职业体验之旅知情同意书
活动过程	1.以职业体验小组为单位自行前往职业体验单位进行为期半天的职业体验。 2.全程跟随职业体验单位的某位工作人员,记录其半天的工作内容和典型工作事件。建议小组每位成员分别跟随不同的人做记录。 3.在职业体验单位同意的情况下完成力所能及的任务,在实践体验中对该职业进行进一步的探索。 4.体验日当天对职业体验单位的一名职场人士进行访谈,以小组为单位完成生涯人物访谈记录。 5.职业体验结束后,以职业体验小组为单位,集合返回学校
活动分享	小组讨论交流职业体验之旅的心得
活动评价	自我评价: 优秀□ 良好□ 合格□ 不合格□ 组长评价: 优秀□ 良好□ 合格□ 不合格□ 活动方评价: 优秀□ 良好□ 合格□ 不合格□

拓展活动：制作劳动法律手册

　　劳动既是权利也是义务。劳动者关心的是工作保障、工资及各项工作条件等，经营者关心的是降低成本，取得最大利润。在这种利益关系中发生利益冲突是不可避免的。

　　中华人民共和国成立以后，国家的立法非常重视对劳动者权益的保护。从1954年颁布的新中国第一部宪法到其后的许多行政法规、劳动规章和政策，对此都有明显的体现。

　　请结合本单元的学习内容，运用各种途径整理自己认为重要的、保护个人劳动权益的相关法律法规知识，制作劳动法律手册，学做合法权益的理性维护者。

第三单元

劳动品质

　　要在学生中弘扬劳动精神，教育引导学生崇尚劳动、尊重劳动，懂得劳动最光荣、劳动最崇高、劳动最伟大、劳动最美丽的道理，长大后能够辛勤劳动、诚实劳动、创造性劳动。

——2018年9月10日，习近平总书记在全国教育大会上的讲话

学习目标

- 培养辛勤劳动的优良品质。
- 坚持诚实劳动，践行诚实劳动的基本要求。
- 理解创造性劳动与重复性劳动的不同，培养创造性劳动的能力。

🏃 劳动榜样

耐得清贫　守得心灵的高贵

2018 年 9 月的一天,武汉一家银行的营业厅来了两位穿着朴素、步履蹒跚的老人。其中一位老人来到柜台后,要求转账 300 万元,转账地点是远在黑龙江的一个账户。这样巨大金额的操作,引起了银行的注意。在一步步调查之下,大家都被眼前两位穿着朴素的老人的身份给惊住了。

她是中国第一位女空降兵——马旭。

她是黄继光的战友,14 岁从军,曾经是声震行伍的高级军官,拥有多项专利。

作为新中国第一位女空降兵,马旭是军中的一个传奇。她一生共跳伞 140 多次,执行过多次艰险任务。很多让男性军人都面露难色的跳伞行动,她却从来不皱一下眉头,永远冲在最前面。14 岁从军,先后参加过解放战争和抗美援朝战争的她,曾为国家立下汗马功劳,可以说,她将半生青春和精力全都奉献给了国家。

她是最抠门的千万富翁。

马旭和老伴离休后,长期住在部队旁一个不起眼的小院,家中墙面剥落,并出现多处裂缝;摆在家中的老式沙发边角都破了,露出了里面的破麻布和棉絮,扶手也因为长时间使用被磨秃了皮;卧室里的硬板床几十年来都未曾换过;横躺在狭小卧室里的木架上的,是各种打包在一起的老物件、旧衣服。这对老夫妻身上的空军迷彩服,一看就是已经穿了多年的旧衣服。在马旭眼里最好的鞋,价格仅为 15 元,她对这双鞋呵护有加,只有特殊的场合才会穿上这双鞋出门。

除此之外,简直难以想象她在日常生活中对吃、穿、用的节约程度。日常主餐是稀饭和面条;两人共用一部老人机;代步工具是一辆自行车,它也跟着老两口奔波了十多年。他们有钱舍不得用,有条件不知道享受,甚至被笑话成"最抠门的人"。然而,谁能想到,他们勤俭节约几十年时间,从牙缝里节约下一分一角,加上两人的科研成果奖励,一共捐出 1 000 万元,这些款项全部用于家乡的教育事业。

马旭说:"小时候是父老乡亲用百家饭养活了我,长大后是党让我们过上了好日子,现在是我回报社会的时候了,将 1 000 万元捐给家乡教育事业,这样能给贫困家庭的孩子们带来更多希望。"

2019 年 2 月 18 日,马旭获评"感动中国 2018 年度人物",但是她表现得很谦虚,她说:"我只是做了我应该做的。"她和老伴表示,未来他们还要践行节约一粒米一滴水的精神,并继续捐钱,为家乡教育、社会主义建设出钱出力。

(资料来源:方帅,朱勇,洪培舒.耐得清贫,守得心灵高贵:军队系统全国道德模范马旭写真[EB/OL].(2019-10-18)[2024-05-24].http://www.mod.gov.cn/gfbw/gfjy_index/xjdx/4853244.html.)

第一课　辛勤劳动

一、积极对待劳动任务

接到老师、同学或学校分配的劳动任务,不同的学生有不同的反应。有的人欣然接受,全力以赴接受任务;有的人则逃避或拒绝,甚至感到焦虑和彷徨,不能积极对待劳动任务,常见的说辞有"我不行""我没有做过""我做过很多遍了,没意思""我还有其他事情要做""我需要休息"等。

其实,对于中职生来说,家庭劳动、生产劳动和服务性劳动并不是繁重的工作任务,只要用心用力去做,都能克服困难。因此,中职生首先要从心理上直面工作任务,相信自己,鼓励自己欣然接受劳动任务。如果完成任务确实有困难,可以向家长、老师和同学寻求帮助。中职生应相信自己,只要动手做了,就能找到劳动的乐趣,从而克服对劳动的抵触情绪。

二、克服懒惰情绪

俗话说:"人懒,富不久;人勤,穷不久。"这句话的意思是说,人在年轻时偷懒不劳动,到老了一无所有,后悔也没用;而青年时努力劳动,坚持不懈,到老时就会很高兴,因为自己什么东西也不缺,过得很富裕。中职生要通过自我调整克服懒惰情绪,鼓励自己动手,用劳动充实自己。

📖 资料卡

南泥湾精神

1941 年 3 月,八路军三五九旅进驻了作为陕甘宁边区南大门的南泥湾,一边练兵,一边屯田垦荒,在开荒过程中培育和形成了以自力更生、艰苦奋斗为核心的南泥湾精神。

在三五九旅刚开进南泥湾的时候,南泥湾还是一个梢林满山、荆棘遍野、野兽出没、人烟稀少的地方。战士们描绘那时的南泥湾是:"南泥湾啊烂泥湾,方圆百里山连山。雉鸡成伙满山噪,狼豹成群林里窜。猛兽当家百年多,一片荒凉没人烟。"可想而知当时的条件有多么艰苦,但战士们说:"干革命需要艰苦奋斗,艰苦奋斗才能干好革命。"广大战士积极发扬自力更生、艰苦奋斗的革命精神,克服困难、创造辉煌,把南泥湾变成了到处是庄稼,遍地是牛羊的陕北"好江南"。

后来,毛泽东亲自为南泥湾题词"自己动手,丰衣足食"。以自力更生、艰苦奋斗为核心的南泥湾精神永远不会过时,将永远激励中华民族的优秀儿女为国家统一、民族复兴、社会和谐、人民幸福而不懈努力。

三、尽心尽力完成任务

在完成劳动任务的时候,有的人认真负责、尽心尽力,有的人却马马虎虎、敷衍了事;有的人能够主动深入思考劳动任务的目的、手段和方法,将工作做到面面俱到;有的人却只能表面上完成老师交给的任务,甚至是"推一下,动一下"。"眼里有活"和"被动干活"这两种截然不同的态度,久而久之会使中职生的劳动能力、劳动技能产生很大的差距。

四、高效利用时间

古人云:"明日复明日,明日何其多。我生待明日,万事成蹉跎。"要克服劳动中的拖延,就要充分有效地利用时间。首先要给自己定任务期限,其次要合理分解劳动任务,最后要及时付诸行动。凡是有成就的科学工作者,毫无例外地都是利用时间的能手,也都是在有限的时间里投入大量劳动的人。整日忙碌、快节奏的生活,虽然看似很劳累,但是能锻炼人的能力。

阅读故事

"农民院士"朱有勇：科研成果在田间地头开花结果

　　成长于土地、根植于土地、收获于土地，我国植物病理学专家、中国工程院院士、云南农业大学名誉校长、云南省科学技术协会主席朱有勇的大半生和土地有着密不可分的联系。

　　"农民需要什么，我就研究什么。"朱有勇与农民群众同吃同住同劳动，把"家"安在田间地头，时常穿着一身沾满泥土的迷彩服带领一帮农民群众在田里耕作，被农民群众亲切地称为"农民教授""农民院士"。他说："我是农民的儿子，我的科研成果在田间地头开花结果，比拿多大的奖项、给多少钱都更让我高兴。"

　　朱有勇，这个看上去黑黑瘦瘦的六旬老人，紧盯农业科技发展的关键性技术难题，创新性开启了不用农药来控制病虫害的探索之路，用30多年的时间和精力潜心钻研生物多样性控制病虫害研究的遗传多样性、物种多样性和生境多样性系列重大课题。研究成果以"水稻遗传多样性控制稻瘟病理论"为题在《自然》杂志封面全文发表，成为新中国成立以来植保界在这个期刊上发表的第一篇文章。同时，在他的努力下，世界性难题"大宗中药材品种三七连作障碍"也迎刃而解。

　　他总是心系群众，始终全身心融入到贫困群众中，想群众之所想，急群众之所急，解群众之所难，尽心尽力为群众解决农业生产问题。2015年，中国工程院对口云南省普洱市澜沧拉祜族自治县开展脱贫攻坚，召集在云南的工程院院士开会决定由谁来牵头承担这一重任。当时60岁的朱有勇毅然决然地说："我最年轻，我来干！"接到任务后，朱有勇二话不说便带领专家团队深入田间地头，深入研究当地自然条件，科学制定了产业发展措施。每次下乡，他总是第一个冲下车，有时直接跪在田里双手刨土，查看土壤土质、肥力及农作物根系发育情况；为找到适合当地的优势项目，他清晨就下田，深夜仍在研究问题，殚精竭虑，带领团队科学制定了将资源优势转变为经济优势的发展措施。4年多来，随着科技的注入，曾经搁置的"冬闲田"变成"效益田"，平均亩产3 300千克的冬季马铃薯，为每户增加收入2 500元到7 000元；在未曾开发利用的人工松林，成功实现林下有机三七种植，每亩产值可达10万元；在全国首创的院士专家技能扶贫班上，1 440名农民学到冬季马铃薯、林下三七、中药材、冬早蔬菜等种植技能；昔日人畜共居、污水横流的山村，变成了亮化、绿化和美化的美丽村寨。

　　从农民子弟到院士，从院士到"农民教授"，朱有勇将论文写在了广袤的希望田野上。

　　（资料来源：朱丽晨."农民院士"朱有勇：科研成果在田间地头开花结果[EB/OL].(2019-12-03)[2024-05-24].http://www.wenming.cn/sdkm/zyy/yxjl/201912/t20191203_5337415.shtml.）

思考

　　上述故事中"农民院士"朱有勇的勤奋体现在哪里？你还知道身边哪些辛勤努力的人？

_____

_____

_____

领悟劳动之美

舞蹈与人类的生产生活息息相关,自古以来劳动和劳动对象始终是舞蹈表现的主要内容之一。由于生产劳动舞蹈体现的主要是人们的劳动场面,人人都有参与的机会和自我发挥的机会,它无论在取材方面还是在表现形式方面,都更加自由,不受年龄和地理环境的限制。

例如,畲族人民在生产劳动中创作了许多反映生产劳动的传统舞蹈,比较著名的有《猎步舞》和《栽竹舞》。《猎步舞》由4个男子扮演猎手,他们身穿畲族传统服装,整个舞蹈自始至终随着锣鼓鼓点不断变换节奏,表现了畲族祖先狩猎时与野兽勇敢搏斗的情景,富有生活气息。《栽竹舞》是反映畲族种竹和用竹造纸过程的舞蹈,表演者按锣、鼓、钹的打击节奏,边舞边唱。《栽竹舞》的舞步以"小跳步"和"踏步蹲"为基本步伐,手脚同时顺着左右进退的韵律不断转圈,动作轻快明朗。歌词叙述栽竹、砍竹、浸竹、烈浆,直至制成纸的全过程,每个环节都反映着畲族人民劳动的艰辛和洋溢着的喜悦心情。

思考

为什么生产劳动舞蹈普遍受到人民群众的喜爱?

_____

_____

_____

第二课　诚实劳动

一、诚实守信是传统美德

诚实守信是为人处世的基本准则,是中华民族的传统美德之一。诚实就是表里如一,说老实话,办老实事,做老实人。守信就是信守诺言,讲信誉,重信用,忠实履行自己承担的义务。诚实守信是各行各业的行为准则,也是做人做事的基本准则,是社会主义最基本的道德规范之一。劳动者诚实守信是对他人负责,对社会负责,对自己负责。

二、诚实守信意义深远

诚实守信,无论是在过去还是在现在,对于个人发展及建设人类社会文明都是极为重要的。

(1)对个人而言,诚实守信是为人之本、从业之要。做人是否诚实守信,是一个人品德修养状况和人格是否高尚的表现,是能否赢得别人尊重和友善对待的重要前提条件之一。诚实守信地劳动,使人胸怀坦荡,能够获得他人的信赖和尊重;偷工减料、投机取巧、敷衍了事、弄虚作假或许可以一时获利,但是不能一世获利,一旦被发现则很难立足,最终会失败。

(2)诚实守信是各行各业的生存之道。各行各业之间的竞争归根结底是信誉和质量的竞争。企业有了诚信的经营理念,才能赢得消费者的青睐。但遗憾的是,在当今社会中仍然存在一些为了追求眼前利益而置诚信于不顾的行为,这些行为严重影响了市场的良性运作,甚至让诚实守信的社会体系受到冲击。

(3)诚实守信是维系良好的市场经济秩序必不可少的道德准则。诚实是市场经济的基础,守信是市场经济最直接的道德基础。没有信用就没有秩序,市场经济就不能健康发展。

三、诚实守信的基本要求

(一)坚守规范

诚实守信首先要遵守社会规范。社会规范植根于人们的生产劳动和生活劳动的每个角落,具有明显的社会性和实践性,能够调节人们之间的利益关系,帮助人们建立良好的社会秩序。诚实守信对于个人、企业和政府来讲都尤为重要。个人有诚信,才能立足社会,赢得尊重,获得发展;企业有诚信,才能具有竞争力,才能长久;政府有诚信,才能取信于民,治国安邦。对于中职生来讲,诚实守信就是要遵守国家的法律法规,遵守学校的规章制度,遵守最基本的社会道德约束和民俗约定。

诚实守信还要遵守劳动中的规则,即劳动者在劳动过程中要遵守劳动规则、规定和规范,履行个人或岗位职责,合理合法地劳动,具体来讲就是遵守承诺,遵守操作规范,遵守工作纪律,履行工作职责,勇于承担工作责任。

📖 探究与分享

每个生产岗位都有自己的安全操作规范。例如,实验室有实验室安全操作规范,钳工有钳工的安全操作规范,驾驶员有驾驶员的安全操作规范,建筑工人有建筑安全操作规范等。

以你的专业为例,介绍该专业的职业岗位有哪些安全操作规范。

(二)诚信无欺

商品的生产者和消费者、经营者和购买者均应做到诚实守信。生产者要坚持货真价实的原则,忌偷工减料、以次充好;消费者要据实反馈商品信息,忌恶意诋毁商品质量;经营者要明码标价、童叟无欺;购买者要诚实守信,杜绝拖欠支付、提供虚假税票信息等。

(三)讲究质量

把讲质量放在第一位,以质量求生存,以质量求发展;不以次充好,不生产、销售假冒伪劣产品。任何偷工减料、投机取巧的行为都可能对工业生产造成不可估量的负面影响。

📖 探究与分享

木桶定律是讲一只木桶能装多少水取决于它最短的那块木板。一只木桶盛满水,则要求每块木板都一样平齐且无破损,如果这只桶的木板高低不齐(见图3-1)或者某块木板有破洞,这只桶就无法盛满水。因此,一只木桶能盛多少水,不取决于最长的那块木板,而取决于最短的那块木板。任何一个组织都可能面临的一个共同问题是,构成组织的各个部分往往是优劣不齐的,而劣势部分往往决定整个组织的水平。

根据木桶定律,谈谈你对个人在集体工作中的作用的认识。

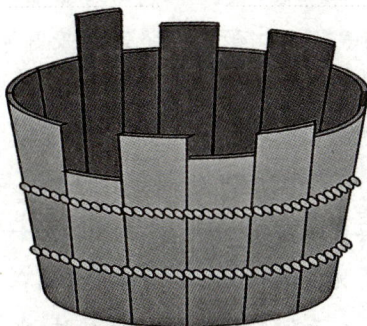

图3-1 边沿不齐的木桶

（四）信守合同

在签订合同时，要诚心诚意，认真负责；在履行合同义务时，要一丝不苟，不折不扣。如果遇到困难或意想不到的情况，应想办法克服。一旦出现不能履行合同的情况，应承担责任。不以欺诈等不公平的方式签订合同，不中途违约、毁约。

（五）勇于承担劳动责任

勇于承担责任，不推卸责任，是恪守诚信的具体实践。勇于承担劳动责任，一方面要尽职尽责，做好分内的工作，完成自己的使命；另一方面要诚实地面对失误和问题，主动承认错误，知错就改。

▶ 观看电影

回忆电影《渔光曲》

"云儿飘在海空，鱼儿藏在水中。早晨太阳里晒渔网，迎面吹过来大海风。潮水升，浪花涌，渔船儿飘飘各西东……"这是拍摄于19世纪30年代的电影《渔光曲》的主题曲。《渔光曲》是一部默片，唯片尾配有声音，由蔡楚生编剧、执导，王人美、韩兰根主演，作为中国电影史上第一部表现劳动人民生活的影片，《渔光曲》向观众展示了渔民劳动的场面，许多拍摄都要在海上完成，甚至有人为此牺牲，故而在片首字幕特别提名，以示对逝者的缅怀与敬意。

？ 思考

《渔光曲》展现了劳动人民什么样的生活？

♟ 领悟劳动之美

《花开时节》是由中央电视台、中共河南省委宣传部、河南广播电视台、共青团中央网络影视中心等联合出品，陈胜利执导，孙萍丽、陈冠英等主演的青春励志剧。

该剧讲述了河南兰考县一个"90后"副乡长带着一群女摘棉工前往新疆摘棉花的故事。大妮和二妮这对来自河南兰考的亲姐妹一起跟随兰考县东乡副乡长蓝文明带领的采棉队奔赴新疆采摘棉花，在采棉过程中，发生的小黑羊事件、网络视频事件、走光事件、窝工事件、撞牛事件、火灾事件等一系列突发事件牢牢绊住了蓝文明。大妮忍辱负重，最后终于成长为不怕事、敢创业的新农民，而安妮通过直播平台成为网红棉花妹妹，并终于领悟诚实劳动、安身立命的深意。这部剧诙谐幽默，又不乏真情实感，生动反映了当代河南人民勤劳善良的朴实品质，塑造了当代农民敢于追求梦想、勤奋踏实、努力奋斗的新时代光辉形象，表现了诚实劳动之美、辛勤劳动之美。

《花开时节》与很多电视剧不同：这部剧虽有国内一流导演和拍摄、制作团队，但剧中70%的角色由非专业演员来扮演。现实生活中，女一号孙萍丽是外语老师，男一号陈冠英是机关职工，棉田里的200名摘花工全是真实的摘花工，这部电视剧在一定程度上是靠一群没有受过专业表演训练的素人撑起来的。中央电视台八套在制作演员访谈节目时，也把素人出演作为一个热点话题。如今，该剧的两位主演孙萍丽、陈冠英也凭借"本色出演"成为新晋草根明星。

除了演员的精彩表演,该剧引发好评还得益于用真实的细节讲好了故事。一次普通的采棉之行居然牵扯出那么多事件,每个事件不大但都丝丝入扣,并且融入了许多当下正在发生的生活细节。比如李大菊指导大妮如何摘棉花,摘棉花采用怎样的姿势,网红直播的各种宣传方法,等等。不仅如此,当那些精彩质朴的台词从最平凡的劳动者嘴里说出来,你会真切地感受到:如果没有深入生活的观察和体验,这些细节是很难做到的。

《花开时节》的主题是劳动,当下是要诚实劳动、安身立命?还是投机取巧、不劳而获?剧中,大妮和二妮分别代表着两种截然不同的劳动价值观,这两种不同价值观让亲姐妹之间产生激烈碰撞:一个是要跪在地上摘棉花,一个利用网络直播"表演劳动""娱乐劳动"甚至"丑化劳动"来赚"快钱"。导演并没有对姐妹俩进行简单的道德褒奖和指责,大姐膝盖出血跪在地上的一段"我腿跪着,人没跪着"的台词已经让人泪流满面,但紧接着二妮为了让妈妈和自己的亲姐不再跪着摘棉花而执意当明星的独白,也同样让人唏嘘。她们都是普通人,都有自己的难处,也都有自己的梦想,但梦想该如何实现却是直击心灵、引发观众深刻思考的终极命题。

思考

你认为剧中这两种截然不同的价值观哪个是正确的?

第三课 创造性劳动

一、创造性劳动就是创新

创新精神是一种勇于抛弃旧思想旧事物、创立新思想新事物的精神。创造性劳动就是在劳动中不断思考劳动的目的,寻求改进工作效率、提高工艺水平的方法,不断攻坚,精益求精。创造性劳动具体表现为不满足已有认识(掌握的事实、建立的理论和总结的方法),不断追求新知;不满足现有的生活生产方式、方法、工具、材料或物品,根据实际需要或新的情况不断改革和创新;不墨守成规,敢于打破原有框架,探索新的规律和新的方法;不迷信书本、权威,敢于根据事实和自己的思考质疑书本与权威;不盲目效仿别人的想法、说法、做法,不人云亦云、唯书唯上,坚持独立思考。

二、创造性劳动与重复性劳动

在现实社会中,有人认为从事复杂的、以脑力劳动为主的创造性劳动比从事重复性的、简单的体力劳动更为重要。这种认知导致人们产生了"坐办公室的比在生产车间高端""动笔杆子的比动手体面"等不良观念。

实际上，不管是重复性劳动还是创造性劳动都值得尊重和鼓励，在任何时候都不能看不起普通劳动者。从收入来看，随着我国收入结构的调整，普通劳动者的收入在不断提高。从劳动价值来看，普通劳动者在平凡的工作岗位上勤勤恳恳、任劳任怨，默默无闻地奉献自己的智慧和汗水，对社会发展、时代进步、国家富强所做的贡献同样不容忽视，同样值得全社会尊敬。

总之，重复性劳动和创造性劳动都是创造财富的劳动，没有高低贵贱之分，任何一份职业都很光荣。

三、创新能力的培养

中职生既要有踏踏实实做好本职工作的耐心，又要培养创新意识和创新能力，要能够在平凡的工作岗位上不断创新工作方法、改进工作技术。

（一）构建完善的知识体系

公共基础知识、专业基础知识、专业知识是职业院校学生知识结构框架不可或缺的部分。公共基础知识为中职生提供一些常识类的事实现象、哲学常识、政策法规等；专业基础知识为其提供本专业的基础理论、基本常识等；专业知识是与所学专业高度相关的技术、前沿信息等知识。这三种知识共同组成了中职生的知识体系，缺一不可。

（二）注重新知识、新技术、新工艺和新方法的运用

不论是在理论学习的过程中，还是在实践实习的过程中，中职生都要重视新知识、新技术、新工艺和新方法的运用，提高在生产实践中发现问题和创造性解决问题的能力，在动手实践的过程中创造有价值的物化劳动成果。广大中职生应树立终身学习的理念，紧盯行业、产业前沿知识和技术进步，关注科技发展和产业变革的步伐，准确把握数字经济时代的劳动工具、劳动技术和劳动形态，不断扩充和完善自己的知识体系与结构，在学习和生活中不断提高创造性劳动的能力。

（三）在实践中培养创造性解决问题的能力

实验、实习和实训是深化课堂教学的重要环节。中职生只有通过实践，才能实现在做中学、在做中思、在做中行，才能不断运用所学理论知识和技能解决实际问题，实现理论与实践相统一。

阅读故事

以创新之力，迎发展之光

鲁迅先生曾言："其实世上本没有路，走的人多了，也便成了路。"创新的重要性由此可见。人们常说创新是引领发展的第一动力，创新与发展相辅相成，创新既要删繁就简，又要标新立异。

28岁的小骆经过两个多月理论与实践的专业培训，拿到了AOPA无人机驾驶员合格证，成为一名植保无人机"飞手"。既当"农民"，又当"飞手"，在农闲时间通过手机上的"信田农服小程序""接单干活"，小骆成了拿着双份收入的"斜杠青年"。利用植保无人机喷洒农药的效率远高于人工，可降低成本，同时也解决了农村农忙时节"请不到人"的尴尬局面。近年来，越来越多的农户了解到植保无人机的优势所在，对植保无人机的接受程度也越来越高。像手机成为"新农具"，直播带货成为"新农活"日益成为普遍现象。

在这个科技飞速发展的时代,我们应该与时代共进步,同发展,用创新的眼光看待事物,以创新之力,迎发展之光,这样方能扶摇直上,逆风飞翔,永立潮头!

(资料来源:李逸萌.数字经济里的"乡村职业故事"[N/OL].(2022-03-18)[2024-05-24].https://www.workercn.cn/papers/grrb/2022/03/18/6/news-1.html.)

思考

从上述故事可以总结出小骆的创造性劳动有哪些?

_____

_____

_____

案例与思考

　　与如今准确高效的智能化计量不同,在以前,电量的测定是由人工完成的。2006年年初,浙江省电表计量检定开启市级集中检定、统一配送的新模式,这无疑增加了基层员工的工作压力和负担。作为检定班班长的黄金娟,她的脑海中渐渐萌发出利用自动化控制技术实现电表智能化检定的想法。在她的带领下,项目组攻克了一个又一个难关,成功研制出第一代电能表自动化检定流水线,实现了国内电能计量检定技术从无到有、从零到一的全新突破。虽然测试工作枯燥乏味,但是黄金娟永远像第一次测试那样一丝不苟,永远像最后一次测试那样慎之又慎。

　　历经35年,黄金娟从一个刚毕业的技校学生成长为浙江省电力公司优秀技能人才。她在电能表计量检定领域走出了自己的一片天地,同时获得了一系列荣誉。她个人共计获得专利授权60余项,主编、参编各类标准11项,获国家科技进步奖工人农民组二等奖、国家电网公司科技进步一等奖等省部级奖励9项,先后获评"浙江工匠"、浙江省"五一巾帼标兵"、浙江省"五一劳动奖章"、国家电网公司"特等劳模"称号、全国"五一劳动奖章"。

思考

创造性劳动仅仅局限于改进生产技术吗?还有哪些方面可以通过创造性劳动进行改善?

_____

_____

_____

观看电影

《奇迹·笨小孩》

　　电影《奇迹·笨小孩》是国家电影局2021年重点电影项目,也是2021年建党百年献礼片,描述党的十八大以后新时代年轻人在深圳创业的故事。

故事的开始是一个深圳的"笨小孩"景浩做着一份普通的工作,维持着自己和妹妹的生活。随后,为了给妹妹治病,景浩开始了漫长的创造奇迹的道路。他天生有种不服输的精神,创业的过程中一次次受挫,又一次次坚持,越挫越勇。电影的结尾,景浩终于事业有成,爬上了山顶,好景常在。

创业中,发现商机很重要,然而风险和机遇并存。景浩押上了全部的身家,淘到了一批问题手机。他想通过自己的技术维修好手机,并卖给华强北商场里的商贩,大赚一笔。然而市场风云突变,国家开始出手整治翻新手机。一时间小景迎来了创业的危急时刻。

创业就是要咬定青山不放松。小景调整思路,想把这批问题手机拆成零件卖给原来的厂家。拒绝,拒绝,还是拒绝,想要把自己的想法(产品)推销给目标大老板是件特别困难的事。为了十分钟推销时间,小景不管不顾,拼命追逐,他要在极短的时间内赶上大老板的轿车。飞驰的摩托,穿街过巷,连滚带爬,气喘吁吁地总算出现在对方面前,好一个追风少年。

为什么大量的创业者会失败?或许是面对无数拒绝时,他们缺少景浩初生牛犊不怕虎的精神,缺少孤注一掷、全力以赴达成目标的行动力。

银河还很空荡,宇宙还没有饱和,所有人都可以成为星星。只要你愿意努力,世界便不会放弃每一个"笨小孩"。致敬新时代每一个拼命奋斗的你,我们都是奇迹的创造者。

⁇ 思考

为什么影片中的"笨小孩"最终能够创业成功?

_____

_____

_____

实践活动：制作花灯

活动目标

(1)了解花灯的发展历史。

(2)学会简易的花灯制作方法。

(3)提升自己的动手能力,体会劳动带来的快乐。

活动准备

1.培训学习

(1)明确目标。在教师的指导下,班、团干部对全班学生开展培训,掌握基本的花灯制作技巧,感悟劳动与文化的意义。

花灯的起源

花灯的起源可以追溯到汉代。传说,汉明帝永平年间,由于明帝提倡佛法,元宵节成为参佛的吉日良辰。汉明帝下令正月十五夜在官中和寺院"燃灯表佛",从而开启了元宵放灯的习俗。这一习俗最初只在官廷中举行,后来逐渐流传到民间。

唐代是花灯发展的重要时期。当时的京城——长安,已是拥有百万人口的世界最大都市,十分繁华。在皇帝的亲自倡导下,元宵灯节办得越来越豪华,中唐以后,已发展成为全民参与的节日。唐玄宗时期,长安的灯市规模很大,燃灯五万盏,花灯花样繁多,皇帝命人建造巨型的灯楼,广达20间,高150尺,金光璀璨,极为壮观。

到了宋代,无论元宵灯会的规模,还是花灯灯饰的精美程度,都胜过唐代,而且活动更为民间化,民族特色更强。唐代的灯会是"上元前后各一日",宋代又在正月十六之后加了两日,明代则延长到由正月初八到十八整整十天。宋代,花灯已经成了元宵节不可或缺的重要元素,而元宵节也从一个普通的节日逐渐演变为中国的传统节日之一。

明清时期,花灯的制作工艺达到了顶峰,形状各异的花灯层出不穷。其中最有名的当属南京的"秦淮灯会"和杭州的"西湖灯会",这些花灯不仅形态美观,还蕴含着丰富的文化内涵。

如今,花灯这一传统文化也被传承了下来,在一些地方仍然保留着举办灯会的传统,如南京的"秦淮灯会"和四川的"洪雅灯会"等。这些在节日举办的传统灯会活动,不仅能够让人们感受到浓郁的文化氛围,同时也让人们更好地了解和传承中国的文化。

(2)调动激情。各班级可组织一次以"花灯的传承"为主题的诗歌朗诵会。诗歌可以在网络上查找,如辛弃疾《青玉案》"众里寻他千百度,蓦然回首,那人却在,灯火阑珊处"、崔液《上元夜》"谁家见月能闲坐?何处闻灯不看来"等。当然,也可以收集现代诗歌或自己编写诗歌,尽量让每个学生都能朗诵诗歌。

2.联络沟通

班、团干部要事先联系美术教师,与美术教师沟通交流,汇报本次活动的目的、意义、方法,得到美术教师的同意、支持和帮助。

3.人员分工

根据表3-1安排活动任务。

表3-1　制作花灯活动分组分工表

组织设置		工作内容	岗位职责
领导小组		由班长、团支书、宣传委员、美术课代表组成,推选出组长和副组长各一名。领导小组全面统筹制作花灯活动工作	组长:起联系、协调作用等。 副组长:协助组长,落实安全保障和活动的推进
工作小组	策划协调组	负责策划本次活动,并征求班主任、劳动课教师、美术教师、全班学生的意见和建议,联系和协调相关工作,设计活动方案、整理活动方案、宣传方案等。领导小组成员需全员参与花灯的制作	小组长:负责落实本组工作内容的执行、组员管理、组内分工、组间工作内容的协调。 组员:服从小组长管理,自觉遵守活动纪律,积极参与活动,在活动中团结协作
	图案设计组	根据学生的建议,设计5~8套花灯的样式	
	整理实施组	以学生选择的花灯样式为单位划分实施小组,全班学生要分配到相应花灯样式	
	后勤物资组	组织全班学生讨论,充分收集整理意见和建议,再定制设计好的花灯样式的样品,采购剪刀和双面胶等,经费从班费中支出,或各组员自愿出资。要注意节约、朴素,注重环保	
	安全保障组	负责开展活动过程中的安全检查,提醒使用剪刀等工具的注意事项。提前与学校医务室取得联系,遇到学生受伤的情况,应及时报告医务室并妥善处置	
	宣传编辑组	及时撰写新闻宣传报道,班级组织活动总结时进行介绍点评(注意要宣传展示优秀的作品)。经过教师指导修改后,报学校公众号、微博、校报等发布、刊登	

4.安全事项

(1)组织学习制作花灯的注意事项。

(2)提前向学校管理部门报备活动方案、制作花灯活动分组分工表,进一步明确组织安排、人员分工、活动流程和安全责任。拟定安全承诺书,每个学生签字后留存备查。

(3)设计安全预案,填写制作花灯活动安全预案申报表(见表3-2)。

表3-2 制作花灯活动安全预案申报表

申报班级		部门负责人(签字)	
活动内容		活动地点	
活动时间		参与学生	
带队教师			
活动安全预案			
分管部门意见			
分管副校长意见			
校长意见			

5.物资准备

(1)骨架材料的准备。最好选用竹子搭成框架,如可以弯曲的竹枝或竹皮等,衔接的地方用细线绑紧。将竹子置于蒸气室内加热半小时,取出置于阴凉处晾干。需要注意的是,晾干时不可使竹子过分干燥,也不可在阳光下暴晒。如果没有竹子,也可以用细长条状的硬纸板和烧烤用的竹签代替,虽然在结实程度和柔韧性上有所欠缺,但摆在室内效果也不错。

(2)灯身材料的准备。准备水彩笔、水彩颜料、白色和红色两种宣纸、仿绫纸、单光纸、白色棉纱布、一把剪刀和一把裁纸刀。

(3)光源材料的准备。准备蜡烛或灯泡、电池。

(4)裱糊材料的准备。准备一瓶胶水、一个小软毛刷。

(5)准备好摄影、摄像器材。

(6)准备好必需的个人防护物资(如酒精、创可贴)。

温馨提示:如果不小心把手弄伤,必须把手上的伤口用流动的清水清洗干净、擦干,再用酒精消毒。

6.场地准备

活动场地安排在教室,同时注意活动结束后的清洁卫生。

活动实施

1.精心组织

(1)组织召开班、团干部会议,明确活动的目的和意义。

(2)了解中国传统花灯文化,收集并整理学生的意见和建议,选取5~8套适合学生制作的花灯样式,学生也可以自创花灯样式。

2.制作过程

(1)制作骨架。就纸灯笼而言,比较易做的形状是立方体或圆柱体。刨去竹子粗糙的表皮,裁取所需的竹条,长度根据灯笼大小而定。制作骨架时以交叉方式完成编织,在灯架中间扎数圈竹圈于灯壁上。

(2)制作灯身。把宣纸裁成符合灯笼骨架的长度和宽度后,就可以自行设计图案了。书法、绘画、剪纸等才艺,都可以在小小的灯笼上呈现出来。灯笼糊好后,还可以用窄条的仿绫纸在灯笼上、下镶边,使灯笼看起来更为雅致。

如果不太擅长书画,可以用一张薄纸在字帖上描下想要的字样,再将这张薄纸和红色宣纸重叠在一起,用单刃刀片将字迹挖掉。拿掉有字的薄纸,红宣纸上就出现了镂空字。用白色宣纸做灯身,将红色宣纸糊在里面,烛光或灯光会从红色宣纸的镂空处映射出来,相当漂亮。

(3)制作光源。如果将灯笼放在室内,只需要在灯笼里点一根普通蜡烛;如果想提着它出去,最好用灯泡和电池做一个简单电路。

(4)裱糊。先将胶水均匀地平刷在骨架表面,再裱糊棉纱布,将剪好的棉纱布轻附在灯架上,再用刷子蘸糊刷平,最后再粘贴两层做灯笼用的单光纸(如果没有单光纸,细棉纸亦可)。需要注意的是,刷平胶水的刷子必须干净,裱糊的纸也必须没有接缝,裱糊才算真正完成。

(5)晾干。将灯笼放在阴凉通风处晾干。

(6)彩绘。

①彩绘或剪贴:将所需图案(如八仙、花鸟、仕女等)彩绘或剪贴在灯笼上。

②书写文字:彩绘后,依情况来决定是否书写文字。待文字、图案完全晾干,即制作完成。

3.作品展示

(1)花灯作品完成后,展示自己的花灯作品并发表自己的制作感言。

(2)负责宣传的学生要注意拍摄学生的制作状态、制作过程和优秀的花灯作品,拍摄制作花灯的视频和照片。

(3)现场展示完毕,可以将优秀的花灯作品放在教室作品展示区。

4.收尾整理

活动结束后,做好垃圾处理和工具整理工作。

活动体会

我的收获:_____

_____

_____

我的感悟:_____

_____

_____

改进措施:_____

_____

_____

活动评价

根据表3-3进行活动评价。

表3-3　活动评价表

评价项目	评价主体		
	自我评价	小组评价	教师评价
劳动观念			

评价项目	评价主体		
	自我评价	小组评价	教师评价
劳动意识			
劳动习惯			
劳动态度			
劳动情感			
劳动知识			
劳动技能			
劳动素养			

注:评价分为四个等级,A 为优秀,B 为良好,C 为合格,D 为不合格。

劳动体验:跳蚤市场交易

活动名称	
活动时间	
活动地点	
活动目标	1.熟悉市场交易技巧,培养学生的创业和市场经济意识,加强社会实践能力。 2.建立健全校园二手市场。 3.帮助学生树立节约光荣、浪费可耻的观念
活动安全	1.活动前须对交易物品进行安全检查,要求必须健康、安全、卫生。 2.活动过程中不得追逐、打闹、拥挤、大声喧哗。 3.活动过程中注意保管好自己的财物
活动准备	1.由学校学生会形成初步的策划方案,并获得校方的支持。 2.由学生会成员提前三天进行交易登记,包括姓名、物品(不符合规定的不得售卖)、数量和价格。 3.选择和规划活动场地,确定活动所需桌凳的来源以及数量,方便进行摆放。准备好活动横幅(据场地大小而定)、展板及音响。 4.在本次活动前三天由校广播站做滚动宣传,同时在食堂和公寓墙上张贴宣传海报。 5.学习并练习营销技巧,如售卖话术等
活动过程	1.学生会宣传部成员于活动当天7:30准时悬挂活动横幅、放置活动展板、准备好音响(电源),为活动现场制造气氛。 2.学生会成员于活动当天8:00准时在活动地点集合,根据划分的活动场地和摊位,组织卖家摆放物品,维持现场秩序。 3.8:30有序开展市场交易活动。 4.活动结束后由学生会劳动部成员在现场做好卫生清洁
活动分享	小组讨论交流跳蚤市场交易的心得
活动评价	自我评价: 优秀□ 良好□ 合格□ 不合格□ 组长评价: 优秀□ 良好□ 合格□ 不合格□ 活动方评价: 优秀□ 良好□ 合格□ 不合格□

拓展活动：创客，创造生活乐趣

在拐杖上加一个小小的手电筒，就解决了老人夜间探路的问题；在瓶口安装一个倾斜的管口，倒油的时候就不会洒出来了；一双旧拖鞋，剪开鞋袢，缝上尼龙搭扣，就做成了进屋不用脱鞋即可直接塞入的"好客鞋"……生活中的创新发明无处不在，我们也可以设计和发明一款简单又实用的生活小用品。

请结合本单元的学习内容，以"创客，创造生活乐趣"为主题，独立或小组合作完成一款小发明，在发明与创造的过程中体会劳动的乐趣。

劳动境界篇

第四单元

学习劳模精神

> 劳动模范是民族的精英、人民的楷模，是共和国的功臣。我国是人民当家作主的社会主义国家，党和国家始终坚持全心全意依靠工人阶级方针，始终高度重视工人阶级和广大劳动群众在党和国家事业发展中的重要地位，始终高度重视发挥劳动模范和先进工作者的重要作用。
>
> ——2020年11月24日，习近平总书记在全国劳动模范和先进工作者表彰大会上的讲话

学习目标

- 了解劳模与劳模精神。
- 了解新时代劳模精神的内涵。
- 弘扬劳模精神，做新时代的奋进者。
- 认真体会劳模精神，并在日常生活中自觉践行劳模精神。

劳动榜样

全国劳动模范——鹿新弟

鹿新弟是一汽解放大连柴油机有限公司高级技师,参加工作32年来,从一名普通工人成长为我国内燃机行业柴油机装调与试验的知名专家型技能人才,被誉为"柴油机调试大王",并先后荣获"全国劳动模范""全国技术能手""辽宁省功勋高技能人才"等荣誉称号。

发动机是汽车的"心脏",而这"心脏"的核心是燃油系统。在一次试验中,他遇到一个"加垫还是减垫"的技术细节问题,为了彻底掌握这项技术,他自己琢磨了一年。凭着这股"倔"劲儿,鹿新弟逐渐成了一名能真正摸透柴油机"脾气"的人。"遇到问题不能放弃,要做就做第一。"1987年,鹿新弟带着成为"柴油机医生"的梦想,从技工学校毕业来到大连柴油机厂。30多年来,鹿新弟总是把这句话放在心里。慢慢地,鹿新弟自创了一套"看、听、摸、闻、问"快速排除柴油机故障的五步维修法,只要用五步维修法就能判断出哪台柴油机运转不正常。他因此被工友称为柴油机故障的"克星"。

多年前,公司引进世界一流产品——道依茨柴油机,鹿新弟凭借过硬的柴油机调试技术被率先调入新组建的生产车间。面对全新的设备和复杂的技术,他一头扎进资料堆里,仅记录的笔记就有几十万字。3年里,他忍受着柴油机发出的100多分贝隆隆噪声完成上千次试验,整理出上万组试验数据。最终他率先在内燃机行业建立道依茨柴油机试验方法,使我国拥有了自主知识产权的柴油机调试技术,填补了国内未拥有自主知识产权柴油机调试技术的空白。

后来,鹿新弟负责为车间的两条柴油机装配线和两条柴油机试验线提供技术服务,他给自己制定了"三个必须":一旦接到车间电话,10分钟内必须赶到现场;车间提出的技术问题,必须立即解决;必须持续跟踪未解决的问题,直到解决为止。

(资料来源:王静,常雪梅."倔强"的柴油机医生:记全国劳动模范鹿新弟[EB/OL].(2019-08-13)[2024-05-24].http://dangjian.people.com.cn/n1/2019/0813/c117092-31293109.html.)

第一课　劳模与劳模精神

劳动模范简称"劳模",是时代的先锋、民族的楷模,他们身上承载和彰显的精神一直发挥引领作用,丰富和拓展了中国精神的内涵,充分展现了我国新时代工人阶级和劳动群众的高度自信,已成为社会主义核心价值体系的重要组成部分。中国特色社会主义进入新时代,以"爱岗敬业、争创一流,艰苦奋斗、勇于创新,淡泊名利、甘于奉献"为核心的劳模精神,既传承了以往的时代特点,又展现出新的内涵和实践指向。

一、解读劳模本质

(一)劳模是工人阶级的优秀代表

在中国革命、建设、改革的各个历史时期,我国工人阶级都具有走在前列、勇挑重担的光荣传统。新中国成立70多年的实践证明,以劳模为代表的看似平凡的亿万工人劳动者,在全世界挺起了中国的脊梁,在中国史乃至世界史上书写了辉煌。

南京长江大桥、三峡工程、青藏铁路、港珠澳大桥、高速铁路、特高压输电、国产航母、国产大飞机、北京大兴国际机场……一个个标志性事件、一项项超级工程，改变了中国，惊艳了世界。

劳模作为工人阶级的优秀代表，在工作生活中发挥了先锋和排头兵作用，在平凡的岗位上创造了不平凡的业绩，以辛勤劳动、诚实劳动和创造性劳动，持续推动着社会进步、国家发展和民族复兴。

（二）劳模是时代的引领者

劳模作为工人阶级的先进代表，也是时代的引领者。一开始，是掏粪工人时传祥，铁人王进喜；到后来，是数学家陈景润，科学家彭加木；再后来，是产业工人许振超，篮球运动员姚明；到如今，是研究发动机的孔祥俊，搞生物科技的潘峰，网络语音架构师贾磊，在商场销售化妆品的龚定玲……一代又一代劳动者、一位又一位劳动模范，用他们对事业的尊重与热爱、坚守与奉献，在祖国 960 多万平方千米的土地上，种下了一粒粒平凡却坚韧的种子，收获了绚丽的人生篇章，也助力了国家的复兴与时代的进步。

平凡成就伟大，劳动创造辉煌。不同时期，国家发展建设的侧重点有所不同，劳模的使命也不尽相同，但在他们的创造性实践和不断探索中，激发出的自主性、创造性、先进性劳模精神，始终激励广大职工建功立业，展现社会进步的发展方向。

二、劳模精神的传承与借鉴

（一）劳模精神是传统文化的结晶

回顾灿烂的中华文明史，中国人民劳动精神的形成与劳动人民的生产和生活实践以及中华民族崇尚劳动的传统文化密不可分。在我国传统文化中，一向推崇对劳动实践的认同、对劳动精神的传承、对劳动文化的传播。远古时代，钻木取火、神农氏教民稼穑、大禹治水的劳动故事广为流传。明朝宋应星所著的《天工开物》收录了农事、手工制造诸如机械、兵器、火药、纺织、染色、制盐、采煤等技术，集中体现了古代劳动人民在自然科学、工业制造等方面的劳动创造和发明成就。中华儿女用辛勤的劳动创造了中国灿烂的历史文化，锻造了中国人朴实、勤奋的优秀品格。这一品格始终贯穿于社会生产的发展和实践当中，不断推动生产力的进一步发展，艰苦奋斗、甘于奉献、不为名利的劳动精神也在历史文化中熠熠生辉。我国优秀的传统劳动文化，为劳模精神的形成注入了民族文化基因，让劳模精神成为创造民族辉煌的根本力量和推动民族继续向前发展的精神支柱。

（二）劳模精神是马克思主义劳动观的体现

在人从自然界分化出来演化成自然人，再进而成为社会人的过程中，劳动发挥着决定性的作用。劳动推动不合理的社会关系发生变革，从而使人获得社会关系的解放。社会主义制度下的劳动真正体现出劳动者的自主性，劳动不再是异化的、外在的、脱离了人的本性的东西，劳动者通过自己的劳动肯定自己，在劳动中感受幸福，在劳动中体现人与人的平等关系，这为劳模精神的产生与发展提供了重要土壤。马克思主义劳动观深刻反映了中国工人阶级和广大群众通过劳动在价值创造中的积极作用，为我们继承和弘扬劳动者伟大的劳动价值精神提供了理论支撑。劳模精神是社会主义劳动者在劳动中推动社会发展和实现精神文明的产物，中国特色社会主义开辟了社会主义在中国的独特发展进程，而劳模精神在这一独特进程中不断焕发出强大的生命力、创造力、战斗力、感染力、凝聚力、影响力，成为中华民族宝贵的精神财富，在中华民族站起来、富起来、强起来的伟大历史进程中发挥了不可替代的重要作用。

(三)劳模精神植根于人民的奋斗实践

劳模精神是中国共产党在长期革命、建设、改革实践中积累起来的宝贵精神财富,源于为中国人民谋幸福、为中华民族谋复兴的初心和使命。新民主主义革命时期,中国共产党通过培养和表彰一批批劳动模范,在引领和发展革命根据地经济建设中发挥了巨大的示范和带头作用,为革命取得最后胜利奠定了扎实的社会基础。社会主义建设时期,劳动模范以无私奉献、团结苦干的精神积极投身于经济建设中,为引导广大人民群众集中精力恢复和发展国民经济,树立正确的社会主义劳动观念起到了重要的推动作用。

改革开放以来,广大劳动群众不仅发扬吃苦耐劳、艰苦奋斗的高尚品格,更是在开拓创新、苦干实干中创造了中国奇迹,业务精湛、技术卓越、锐意进取、敢为人先的劳模形象更加深入人心。进入新时代,在中国共产党的领导下,中国人民以实干兴邦的劳动精神,继续谱写中国特色社会主义伟大事业的新篇章。

三、弘扬劳模精神

(一)弘扬劳模精神,是对劳动者的尊重

劳模是一种光荣称号,一个个劳模就是一面面砥砺奋进的光辉旗帜。三百六十行,行行出状元。弘扬劳模艰苦奋斗的奉献精神,凝聚各行各样的力量,充分发挥你追我赶的拼劲、说干就干的实劲、不怕苦不怕累的牛劲、坚持不懈的韧劲。勤劳是中华民族的传统美德,也正是因为拥有勤劳的美德,中国人民用勤劳的双手创造了一个个辉煌的成绩,逢山开路、遇河架桥、化腐朽为神奇,将一个个不可能变成一个个现实,让日子过得更加幸福与富裕。

(二)弘扬劳模精神,是对劳动的尊重

弘扬劳模精神是"劳动最光荣、劳动最崇高、劳动最伟大、劳动最美丽"的真实体现。劳动体现了价值,在知识爆炸和知识集成的新时代,当代先进生产力中的科技和知识含量越来越大,因此价值创造越来越依靠知识劳动,特别是其中的创造性劳动,创造性劳动会成为未来价值创造的源泉。当今国与国之间的竞争是技术的竞争,尤其是核心技术的竞争。弘扬劳模精神,需要各行各业的劳模发挥先锋模范作用,锐意进取、自主创新、争做一流、拿出世界一流的产品,在关键技术和重点领域不求人、不被他国扼住"咽喉",努力走出一条自强不息之路。

(三)新时代新使命呼唤劳模精神

不同历史时期的劳模的先进事迹、优秀品质,特别是在艰苦创业中孕育而成的伟大的劳模精神,激励一代又一代人为社会主义现代化建设不懈奋斗。今天,中国特色社会主义进入新时代,我们比任何时期都更接近、更有信心和能力实现中华民族伟大复兴。2018年5月习近平总书记给中国劳动关系学院劳模本科班学员的回信中强调,社会主义是干出来的,新时代也是干出来的。新时代中国特色社会主义的伟大实践,呼唤劳模的新贡献,呼唤劳模精神的传承与弘扬。

(四)新时代中国精神呼唤劳模精神

2013年4月,习近平总书记在同全国劳动模范代表座谈时指出:"长期以来,广大劳模以高度的主人翁责任感、卓越的劳动创造忘我的拼搏奉献,谱写出一曲曲可歌可泣的动人赞歌,铸就了'爱岗敬业、争创一流,艰苦奋斗、勇于创新,淡泊名利、甘于奉献'的劳模精神,为全国各族人民树立了光辉的学习榜样。"劳模精神是中国精神的时代体现,新时代弘扬中国精神,以劳模精神这一时代典型为载体,是传承伟大的中国精神的时代要求,也是把伟大的中国精神化为实现中华民族伟大复兴的力量之源的必然要求。

阅读故事

劳模墙

2016 年 12 月 28 日,北京市首个市级"劳模墙"正式落成。劳模墙由 1 面主墙和 3 块大石组成,主墙上用刚劲有力的笔体篆刻着前言,其他 3 块大石上刻着 1949 年以来本市 1 197 名获得全国劳模称号的劳模姓名。东便门至崇文门的这一段明城墙遗址是北京城内仅存的两处明城墙之一,也是北京城历史发展的重要标志。之所以最终选定在此建设第一个市级"劳模墙",主要是因为明城墙遗址有着厚重的文化底蕴,在这里建立"劳模墙"为劳模树碑立传,既丰富了首都历史人文景观,更为劳模精神的展示与传播提供了一个宝贵的途径和载体,为全社会人民树立起学习的榜样。

曾经连获全国劳模称号的王克荣在密密麻麻的人名中找到了自己的名字。这位在护理岗位工作 30 多年,零距离照顾 5 万余名传染病患者,并成为中国第一位荣获艾滋病防治国际最高奖"贝利·马丁奖"的护士,看到墙上刻着自己的名字,难掩激动的心情。"名字被刻在了墙上,这对我来说更是一种鼓励,时刻提醒我要以身作则,更严格地要求自己。"

思考

你认为建立"劳模墙"最大的作用是什么?

第二课　新时代劳模精神的内涵

劳模是时代的标杆,劳模精神是宝贵的财富。王进喜、陈双田、蒋筑英、袁隆平、许振超……每个时期的劳模,都是时代的精神符号和力量化身。劳模从过去以工人和农民为主体,到知识分子、农民工、私营企业主活跃其间,劳模的结构不断变化。劳模队伍不断壮大的背后,是劳动内涵的不断拓展,劳动理念的日益革新。随着时代的发展,劳模还将被赋予更多的时代内涵和元素,但无论是生产者还是创业者,无论是比表现还是比贡献,无论是讲精神作用还是讲经济效益,劳模的核心价值都是始终不变的:一是爱岗敬业、争创一流,艰苦奋斗、勇于创新,淡泊名利、甘于奉献的精神;二是对职业、对社会、对国家的道德感、责任感和使命感。

一、劳模精神与社会主义核心价值观相融相通

社会主义核心价值观传承着中华优秀传统文化的基因,寄托着近代以来中国人民上下求索、历经千辛万苦确立的理想和信念,也承载着每个人的美好愿景。劳模精神作为民族精神和时代精神的重要内容,与

社会主义核心价值观在文化传承、教育导向、爱国情怀、道德提升等方面高度契合。

二、劳模精神凝聚建功新时代的磅礴伟力

2018年"五一"国际劳动节之际,习近平总书记在给中国劳动关系学院劳模本科班学员回信中提出,"用你们的干劲、闯劲、钻劲鼓舞更多的人,激励广大劳动群众争做新时代的奋斗者"。劳模是新时代的排头兵,是实干兴邦的楷模。激励广大劳动群众争做新时代的奋斗者,就是要让实干担当在新时代蔚然成风,让改革创新在新时代焕发活力,让精益求精在新时代落地生根。只要持之以恒地弘扬劳模精神,充分调动广大劳动人民的积极性、主动性和创造性,就一定能最大限度地聚合起人们饱满的奋斗热情,从而为建功新时代、实现中国梦凝聚起磅礴的中国力量。

三、劳模精神是培育时代新人的重要内容

一方面,劳模精神作为社会主义核心价值观的生动体现,更简单地为人们所理解、更容易为人们所接受、更方便为人们所模仿,将对培育时代新人起到重要推动作用。另一方面,通过强化教育引导、舆论宣传、文化熏陶、实践养成和制度保障,培养和造就具有劳模精神的时代新人,能够激发广大劳动者干事创业的积极性、主动性和创造性。全社会都要紧密围绕培养时代新人这个重大命题,特别是在各级学校教育中培育、弘扬和践行劳模精神,引导全社会特别是青少年树立正确的劳动价值观,全面提升劳动者的整体素质和精神品格。

四、劳模精神是文化自信的重要支撑

一方面,劳模精神是中国特色社会主义文化的重要组成部分,始终贯穿于建设中国特色社会主义文化的全过程。劳模精神植根于中华民族劳动过程特别是中国特色社会主义伟大实践,充分继承并发展了中华优秀传统文化和社会主义先进文化。另一方面,弘扬和践行劳模精神,有助于坚定文化自信,推动社会主义文化繁荣兴盛。弘扬和践行劳模精神,有助于牢牢把握意识形态工作领导权,有助于培育和践行社会主义核心价值观,有助于加强思想道德建设,有助于促进中国特色社会主义文化繁荣发展。

广大青年学生要坚定中国特色社会主义"道路自信、理论自信、制度自信、文化自信",保持政治定力,坚持实干兴邦,始终坚持和发展中国特色社会主义,以昂扬的精神、奋进的姿态共筑自信桥,共圆中国梦!

五、劳模精神与中华民族伟大复兴相托相生

2013年4月,习近平同全国劳动模范代表座谈并发表重要讲话:"实现我们的奋斗目标,开创我们的美好未来,必须紧紧依靠人民、始终为了人民,必须依靠辛勤劳动、诚实劳动、创造性劳动。"中华民族伟大复兴的中国梦,是中华民族近代以来最伟大的梦想,这个梦想凝聚了几代中国人的夙愿。现在,我们比历史上任何时期都更接近这一目标。同时,也要清醒地认识到,在这一伟大征程中,幸福不会从天而降,梦想不会自动成真。全体中华儿女要众志成城、万众一心,把一切力量都凝聚起来,把一切积极因素都调动起来,以劳动托起中国梦。

▶ 观看电影

庆祝改革开放40周年重点影片:《黄大年》

《黄大年》以"心有大我,至诚报国"的海归战略科学家黄大年的感人事迹为故事蓝本拍摄而成。电影

《黄大年》主要讲述了著名战略科学家黄大年不忘初心、至诚报国的感人事迹,讴歌了改革开放给我国科技事业带来的巨大变化,塑造了新一代科技工作者的英雄形象。

国家话剧院一级演员张秋歌以零片酬出演《黄大年》,他说:"作为一名文艺工作者,能够出演这部戏,能够演一位时代的楷模,对我的艺术生命相当重要。我从黄大年身上学会了'做人'和'做事'。"

思考

从影片《黄大年》中你体会到了什么?

_____

_____

_____

第三课　践行劳模精神

一、爱岗敬业,精益求精

提倡爱岗敬业就是要做到热爱本职岗位,努力做到干一行爱一行。在平凡的岗位上严格要求自己,时时事事不忘创先争优。如果只从兴趣出发,见异思迁,"干一行厌一行",不但自己的聪明才智得不到充分发挥,甚至会给工作造成损失。

提倡爱岗敬业就要努力培育敬业精神。敬业精神是人们基于对一件事情、一种职业的热爱而产生的一种全身心投入的精神,是社会对人们工作态度的一种道德要求。我们要有扎实的专业思想,要热爱本职工作,扎扎实实地掌握好专业基本功,达到专业水平,力求干一行爱一行,干一行钻一行,努力成为行家里手。

提倡爱岗敬业就要努力积累专业技能。敬业,必须有与岗位相适应的能力,有了能力才能出色地完成任务。如果只有敬业的良好意愿,却没有敬业所需的素质和能力,敬业就无法落到实处。能力需要在工作实践中展现、检验、锻炼和提升,而敬业的精神力量可以转化为一种能力,从而调动人自身其他能力的发挥,让工作效率得到极大的提高。

二、争创一流,永不止步

争创一流是一种积极奋发的精神风貌,是一种凝心聚力的目标追求,可以内化为每个人的工作动力源泉。中职生要学习劳模,创造一流的工艺、一流的质量、一流的管理和一流的服务,推动我国社会生产力水平实现整体飞跃。

争创一流要追求最优。追求最优需要坚持,需要由量变到质变的积淀;追求最优需要创造性思维,保持积极思考的习惯,保持自身思维的独立性与前瞻性;追求最优需要充满激情,积极主动地工作、学习和生活;追求最优需要好方法,包括做人的方法、工作的方法和思考的方法。把追求最优作为对自己的一种要求,那么人生一定会与众不同,也才能争创一流。

争创一流要有进取心。中职生要把"下一个成功"当作自己努力的目标,永远保持一颗进取之心。在迈向成功的道路上,每当实现一个近期目标时,绝不应该骄傲自满,而应该相信最好的永远都在"下一个",要把原来的成功归零并作为新的起点,才能不断地攀登新的高峰。

三、艰苦奋斗,自强不息

艰苦奋斗的内涵和表现有两个层面。一是物质层面。物质层面的艰苦奋斗要求人们的消费水平节制在合理的限度内,这个合理限度的衡量标准要与时代的社会生产力水平相适应。它提倡的是勤俭节约,珍惜劳动创造的物质财富,自觉克服贪图安逸、追求享受的思想。二是精神层面。精神层面的艰苦奋斗是指不畏艰难困苦、锐意进取、坚韧不拔、奋发有为的精神状态和为人民利益乐于奉献的行为品质。这种精神状态与行为品质的本质是一种积极进取、奋发有为的世界观、人生观和价值观。

四、勇于创新,求新求变

对中职生来说,要做到勇于创新,最重要的就是培养创新思维,提升创新能力,其途径主要有以下三种。

(1)充实知识储备,蓄积创新能量。学生创新主要靠知识技术。创新不仅需要专业知识,还需要管理、财务、法律、市场、人文等方面的知识,同时要求学生具有对这些知识的获取、处理、加工和整合的能力。学生可以通过专业课和公共选修课的学习、参加培训、社会实践等方式扩大自己的知识面。

(2)掌握创新技巧,发挥创新潜能。没有好的方法技巧很难达到预期目的,方法技巧是创新的途径和工具,中职生要通过学习与创新实践活动掌握类比、联想、设问、列举、组合、激励等创新创造技法,激发自己的创新潜能。

(3)强化实践锻炼,提升实践能力。科技竞赛是提高中职生实践能力的一个重要载体,中职生可以通过积极参加适合自己的科技竞赛来提升自身的实践能力。积极参加各级创新创业训练计划项目,通过项目申报、中期检查、鉴定结项体验科研的全过程,既是对知识的探究,也是对知识、方法和技能的应用。

五、淡泊名利,修炼自我

许多劳模几十年如一日,像螺丝钉一样把自己"拧"在平凡的工作岗位上,默默耕耘、奋斗不息,并且能做到清心寡欲、淡泊名利,脚踏实地地实现自己的人生理想和生命价值,成为受全社会人民尊敬的先进人物。

淡泊名利,就要努力做到清白做事,干净做人;办事公正,清正廉洁;一心为公,尽职尽责。中职生应树立正确的名利观,以平和之心对"名",以知足之心对"利",自觉坚持洁心、洁身、洁行,以廉为荣、以俭立身,耐得住艰苦、守得住清贫、抗得住诱惑。

📖 资料卡

三慎

我国自古有"三慎"(慎初、慎独和慎微)的修德美谈。这"三慎"都要求人们将全部的人格、生活奉献给高尚的道德追求。慎初是指谨慎于事情发生之初,在思想上筑牢第一道防线。人生贵善始,如果第一道防线被冲破了,往往会"兵败如山倒"。慎独是指一个人独处时能做到谨慎不苟,即使在别人看不到的情况下也能洁身自好、问心无愧。慎独是一种情操,一种修养,一种自律,一种坦荡。慎微就是慎小事、慎小节,从小事做起,"勿以恶小而为之,勿以善小而不为"。

六、甘于奉献,乐于付出

奉献的内涵很丰富,包括不怕困难、勇挑重担的精神,见义勇为、助人为乐的无偿服务,不计报酬、不为私利的精神,勤勤恳恳、忘我工作的精神。奉献是一种美德,是推动社会发展的基石。正是有人无私奉献,社会的物质财富和精神财富才会不断增加。

📄 资料卡

雷锋

雷锋,男,汉族,中共党员,1940年12月出生,1960年入伍,湖南望城人,生前系原工程兵工程某团汽车连班长。1962年8月,雷锋在执行运输任务时不幸殉职。国防部将他生前所在的班命名为"雷锋班"。1963年2月,原总政治部发出了宣传和学习雷锋同志模范事迹的通知,并编发了《雷锋日记》。雷锋荣立二等功一次、三等功两次,成为全军挂像英模,当选"100位新中国成立以来感动中国人物"。

在新知识不断涌现、新情况层出不穷的今天,要使自己能做出较大的贡献,中职生就必须加强学习,提高知识储备的总量和质量,并善于用理性思考架起学习与应用的桥梁,边学边用,学用结合,使自己的思想水平和知识水平适应时代的需要,并通过主观与客观的相互转化不断提高自身能力。

🖥 案例与思考

如果说每天你要凌晨4:30起床,提前2小时上班,且步行穿梭在全长40多千米的矿山作业面,每天至少走10千米,你能坚持几天?

如果说抢救一个患者需要输血800毫升,20年来,你能无偿献血挽救几个危重患者的生命?

如果说家里上有年迈的父母,下有上学的女儿,夫妻每月收入不到600元,生活并不富裕,你是否会拿出大部分收入去资助特困学生?

如果说你曾经做过这样的好事,你能坚持做多少次、多少年?

有一个人连续15年做到了上述的一切,向人民做出了一个个掷地有声的回答,他就是鞍钢集团矿业公司齐大山铁矿生产技术室采场公路管理员郭明义。从他身上,人们看到了一个活着的雷锋,一个叫得响、信得过、靠得住的共产党员。

从小视雷锋为偶像的郭明义,15年来,每天上班走过的路程累计长达6万千米,相当于走了4次红军长征路;他每天工作10小时,没有休过一个节假日,相当于多干了5年的工作量;20年来,他累计无偿献血6万毫升,相当于自身血量的10倍,至少挽救75名危重患者的生命;16年来,他先后资助了180多名特困学生,不仅把工资捐了,还把各级组织给他的奖金、慰问金、奖品、慰问品都捐了……

"如果你是一滴水,你是否滋润了一寸土地?如果你是一线阳光,你是否照亮了一分黑暗?如果你是一颗粮食,你是否哺育了有用的生命?如果你是一颗最小的螺丝钉,你是否永远坚守在你生活的岗位上?"这是郭明义最喜欢的《雷锋日记》中的一段话。

毫无保留的奉献理念带给郭明义无穷的力量、快乐和自豪,激励着他数十年践行雷锋精神,尝试他所能想到、能做到的一切有利于社会、有利于人民的有意义的事情,用生命的点点滴滴诠释了奉献、坚韧、无畏、高尚、永恒的人生追求。

(资料来源:搜狐网.新时代"雷锋"郭明义[EB/OL].(2021-10-26)[2024-05-24].https://www.sohu.com/a/497297725_120967616.)

思考

　　郭明义是新时期学习和实践雷锋精神的优秀代表，雷锋身上有爱心，也有奉献的精神。你认为在国家社会保障体系日渐完善的今天，贫困家庭与困难群体都会得到国家和社会的救助，还需要雷锋精神吗？个人还有必要为了奉献爱心而降低自己的生活质量吗？

_____

_____

_____

实践活动：劳模风采展览

活动目标

(1)了解劳动模范的具体事例。

(2)了解劳模精神,学习劳模精神,传播劳模精神。

(3)将劳模精神渗透到日常生活中。

活动准备

1.培训学习

(1)明确目标。在教师的指导下,班、团干部对全班学生开展培训,明确展板设计的内容和要求。

劳模事迹示例

陈岚继承和发扬青神竹编技艺,带领他的设计团队不断推陈创新。2010年,陈岚创新发明"彩色竹编",填补了世界竹编无彩色的空白。从单色竹编到彩色竹编,从名人书画到人物肖像,从乡村风物到女士坤包,他先后创新竹编工艺品1 000多个,获得了四川省第三届农村乡土人才创新创业大赛金奖。由陈岚创作的《国宝图》和瓷胎竹编茶具《绽放》作为国礼赠送给外国政要。《我们的总设计师》等被邓小平故居纪念馆等收藏。

陈岚举办了各种形式的竹编培训班,为农村留守妇女、城镇下岗人员、待业人员和残疾人传授竹编技艺,协助编写教材《竹的栽培管理与利用》《竹编工艺概论》,在全县推广。他积极推动文旅融合,通过旅游扩大了竹编的影响力,促进了竹产品销售。他先后为国内外贫困地区培训学员1万余人次,带动3万余名本地农村竹产业从业人员走上致富之路。陈岚被评为"四川省工艺美术大师",被四川省人民政府授予"金熊猫奖"并获得"全国劳动模范和先进工作者"称号。

(资料来源:李占庄.全国劳动模范陈岚:先进工作者的竹编人生［EB/OL］.(2020-12-03)［2024-05-24］.https://www.scjjrb.com/2020/12/03/99236963.html.)

(2)调动激情。各班级可组织学生在网上查阅相关的新闻报道,或通过报纸、杂志、广播等途径挑选一名劳动模范,对其事迹进行展板设计。

2.联络沟通

班、团干部要事先联系班主任、信息技术教师,与班主任、信息技术教师沟通交流,汇报本次活动的目的、意义、方法,得到信息技术教师的同意、支持和帮助。

3.人员分工

根据表4-1安排活动任务。

表4-1 劳模风采展览活动分组分工表

组织设置		工作内容	岗位职责
领导小组		由班长、团支书、宣传委员组成,推选出组长和副组长各一名。领导小组全面统筹劳模风采展览活动工作	组长:起联系、协调作用等。 副组长:协助组长,监督活动的推进
工作小组	策划协调组	负责策划本次活动,并征求班主任、信息技术教师、全班同学的意见和建议,联系和协调相关工作,设计活动方案、整理活动方案、宣传方案等	小组长:负责落实本组工作内容的执行、组员管理、组内分工、组间工作内容的协调。 组员:服从小组长管理,自觉遵守活动纪律,积极参与活动,在活动中团结协作
	信息筛选组	对同学们搜集到的劳模照片、劳模事迹、劳模成绩、劳模精神、学生感悟等内容进行筛选,做成电子版展板,再报教师和学校审核	
	整理实施组	将最终收集好的电子版展板,统一进行打印喷绘,并贴到展板上,进行劳动模范风采展览,请全班同学观摩、学习劳动精神	
	后勤物资组	组织全班学生讨论,充分收集整理意见和建议,统计出需要采购的物资,经费从班费中支出,或各组员自愿出资。要注意节约、朴素,注重环保	
	宣传编辑组	负责摄影,及时编写好新闻宣传报道,班级组织活动总结时进行介绍点评,同时收集学生对此次活动的感悟。经过教师指导修改后,报学校公众号、微博、校报等发布、刊登	

4.安全事项

(1)组织学习展览工作安全管理规定。

(2)提前向学校管理部门报备活动方案,进一步明确组织安排、人员分工、活动流程和安全责任。拟定安全承诺书,每个学生签字后留存备查。

(3)设计安全预案,填写劳模风采展览活动安全预案申报表(见表4-2)。

表4-2 劳模风采展览活动安全预案申报表

申报班级		部门负责人(签字)	
活动内容		活动地点	
活动时间		参与学生	
带队教师			
活动安全预案			
分管部门意见			
分管副校长意见			
校长意见			

5.物资准备

(1)准备展览所需物品,如展板、展架等。

(2)准备展览活动必需的个人防护物资,如口罩、手套等。

(3)准备展板设计所需材料,如彩纸、硬卡纸、颜料、喷绘用品、胶带等。

(4)准备好摄影、摄像器材。

(5)准备场地。

6.场地准备

活动场地安排在活动教室,同时注意活动结束后的卫生清洁。

活动实施

1.精心组织

组织召开班、团干部会议,明确活动的目的及意义。收集全班学生的意见和建议,整理归纳后召开一次主题班会,确认展板的设计方案和展板内容,明确人员分工和任务。

2.活动过程

(1)参加活动的学生有序地进入活动教室。由活动负责教师做动员讲话,强调纪律、安全等注意事项。

(2)领导小组组长分享"劳模精神"内涵,营造展览氛围。

(3)全班同学参与劳模风采展览,观摩、学习劳动精神。

(4)在活动进行下半场,整理实施组组织学生就本次展览进行互动交流,提出的问题应与劳模精神相关。

(5)宣传编辑组做好拍照、录制短视频工作,用于后期宣传和班会分享交流;同时收集学生对此次活动的感悟,以便后续发表在学校官方平台。

(6)活动结束后,班主任对本次班级组织的活动进行总结和评价,并对展览中的劳模精神进行归纳与总结;全体学生有序离开活动教室。

3.收尾整理

活动结束后,做好垃圾处理和工具整理工作。

4.活动延伸

(1)教师或班委会可将同学们提交的展板公开放置在班级内,作为劳动月的主题活动;或者将展板放置在院系走廊、活动室等场所,供其他班级同学观摩。

(2)有条件的学校可举办全校劳模风采展览大赛。

(3)可以请当地劳模现身说法,拉近同学们与劳模间的距离。

活动体会

我的收获:_____

_____

_____

我的感悟:_____

_____

_____

改进措施：_____

_____

_____

活动评价

根据表 4-3 进行活动评价。

表 4-3 活动评价表

评价项目	评价主体		
	自我评价	小组评价	教师评价
劳动观念			
劳动意识			
劳动习惯			
劳动态度			
劳动情感			
劳动知识			
劳动技能			
劳动素养			

注：评价分为四个等级，A 为优秀，B 为良好，C 为合格，D 为不合格。

劳动体验：农耕劳动

活动名称	
活动时间	
活动地点	
活动目标	1.学习农耕劳动的相关知识，掌握除草、翻土等技巧。 2.提高学生劳动知识与能力素养。 3.端正劳动态度，明晰团队合作在劳动中的积极作用
活动安全	1.活动前进行安全教育，如使用锄头或铁锹等工具时不要划伤自己或他人。 2.准备劳动安全防护用品，如手套、口罩、酒精和创可贴等。 3.为避免丢失，将手机、手表等物品统一存放
活动准备	1.由学校劳动部门召开学生动员会，讲清本次活动的意义和注意事项。 2.学习与本次农耕劳动相关的知识，如除草的步骤、注意事项、安全事项等，以及学习常见劳动工具的使用方法。 3.做好劳动工具的准备，如锄头、铁锹、喷雾器等。 4.以10~12人为一组，各组选出组长1人、副组长2人，组长与副组长全权负责各组的劳动体验活动
活动过程	1.各班学生在劳动委员带领下组队到指定地点集合。 2.领取劳动工具和防护物资。 3.各组分别选择1~2项与农耕劳作相关的任务，包括除草、翻土、栽种树苗、施肥、插秧等（视季节不同确定相应的农耕劳动）。 4.各组学生在组长和劳动委员的带领下以团队合作的形式完成任务。 5.劳动完后收拾场地，请班主任、学校劳动部门验收。 6.交还劳动工具和剩余物资
活动分享	小组讨论交流农耕劳动的心得
活动评价	自我评价： 优秀□ 良好□ 合格□ 不合格□ 组长评价： 优秀□ 良好□ 合格□ 不合格□ 活动方评价： 优秀□ 良好□ 合格□ 不合格□

拓展活动："我跟父母换岗"活动

父母工作不易,辛苦将我们养大,如今我们也该帮助父母分担一些压力。在本次拓展活动中,各班可以进行本班学生父母职业情况的调查统计,了解他们在各自工作岗位上需要完成的劳动项目,并结合每个同学的职业目标,自愿组成活动小组,和父母换岗一天,体验不同劳动者在工作岗位上辛勤劳动的一天。

请结合本单元的学习内容,根据实际情况,开展"我跟父母换岗"的拓展活动,或到父母工作单位体验他们的工作,或在家帮父母做家务,感受劳动的甘与苦。

第五单元

弘扬工匠精神

加快建设国家战略人才力量，努力培养造就更多大师、战略科学家、一流科技领军人才和创新团队、青年科技人才、卓越工程师、大国工匠、高技能人才。

——党的二十大报告

学习目标

- 了解工匠精神的基本内涵。
- 认识工匠精神的当代价值。
- 向大国工匠和高技能人才看齐，学习他们身上的工匠精神。
- 认真体会工匠精神，自觉传承、践行工匠精神。

劳动榜样

"蓝领专家"退而不休 工匠精神永续传承

1972年,17岁的孔祥瑞初中毕业,被分配到天津港当门吊司机。当时的天津港从匈牙利进口了3台门吊机,面对新设备和复杂的操作参数,孔祥瑞在师傅的鼓励下啃起了设备使用说明书,一页一页地看、一条一条地记,直到吃透弄懂。经过三个月的艰苦学习,孔祥瑞精通了吊机的设计参数、工作原理,这让他成了队里的技术专家、吊装高手。

2001年,在天津港冲击亿吨大港的过程中,孔祥瑞所在的装卸队承担了2500万吨货物的装卸任务。设备还是这些设备,人还是这些人,可任务量却增加了近30%。孔祥瑞组织技术骨干集体攻关,通过"抓斗起升、闭合控制合二为一"的创新方法,使每台门机一次节省15.8秒,每台门机平均每天多装卸480吨,从而使全年装卸量达到了2717万吨,超过了预定目标。这项操作法后来被命名为"孔祥瑞操作法"。

2006年,孔祥瑞又加入天津港"北煤南移"的重点任务中。在没有先例借鉴的情况下,孔祥瑞主动请战、勇于担当,组织编写了全国港口第一本系统设备故障维修技术指南,将日常保养和维修的442项做法加以归纳总结,供一线工人解决"疑难杂症"。正因为执着追求,孔祥瑞从一名只有初中文凭的码头工人,成长为远近闻名的"蓝领专家"和全国劳模,先后组织实施了220多项技术创新项目,获得16项国家专利,为企业创造经济效益超亿元。

2017年退休后,孔祥瑞受聘成为交通运输部举办的全国职业技能大赛总决赛的评委。在每年一届的大赛上,他不仅要对每名选手进行点评,还要对这些未来的"大国工匠"进行培训。截至目前,孔祥瑞已连续参加了七届,培训了上百名蓝领工匠。

近日,孔祥瑞回到了他阔别许久的码头,感受到了智能化带来的新变化。基于AI的智能运输管理系统、全球领先的"智慧零碳"码头……一系列科技成果已经在天津港落地应用。孔祥瑞对年轻的同事们说:"人工智能时代,同样需要我们蓝领工匠。但我们需要转型、需要提升,要学会操作、养护更多的智能设备,把我们的动手能力、技术水平提升到新的水平,这是时代对我们的要求。"

(资料来源:冯虎."蓝领专家"孔祥瑞[N/OL].(2022-03-24)[2024-05-24].http://www.ce.cn/xwzx/gnsz/gdxw/202203/24/t20220324_37428412.shtml.)

第一课 工匠精神的内涵

在我国几千年文明史中,工匠精神源远流长,"巧夺天工""技近乎道"等成语都是对这种精神的高度概括。新中国成立以来,大庆精神、"两弹一星"精神、载人航天精神……工人阶级不断为工匠精神注入新的内涵,也正是在工匠精神的激励下,中国路、中国桥、中国港口、中国核电等,成为一张张让国人引以为傲的"中国名片"。

工匠精神属于职业精神的范畴,是从业者的一种职业价值取向和行为表现。具体而言,它是从业者,尤其是工匠,对产品精雕细琢、精益求精的精神理念,是不断地雕琢产品、改善工艺、享受产品升华的精神追求。工匠精神的核心是对品质的追求,工匠精神的目标是打造本行业的精品,其基本内涵包括以下四个方面。

一、全身心投入的敬业精神

敬业精神是人们基于对一件事情、一种职业的热爱而产生的一种全身心投入的认认真真、尽职尽责的职业精神状态,其本质是奉献精神。

具体来说,敬业精神就是在自己的职业领域树立主人翁意识,把职业当作事业来对待,在工作中秉承认真踏实、恪尽职守、精益求精的工作态度,培养积极向上的劳动态度和艰苦奋斗的精神,力争为企业、行业乃至国家做出自己的贡献。

二、追求卓越的精益精神

精益即精益求精,精益精神是指对精品的执着坚持和追求,是从业者对每件产品、每道工序都凝神聚力、追求极致的职业品质。精益求精的过程是反复改进、不断完善,将品质从99%提高到99.99%的过程。正如《道德经》有云:"天下大事必作于细。"每个大国工匠无不是凭着精益求精的精神才获得了成功。

三、持之以恒的专注精神

专注就是内心笃定、着眼于细节的耐心、执着、坚持的精神,是所有大国工匠必须具备的精神特质。从中外实践经验来看,工匠精神意味着一种执着,即一种几十年如一日的坚持与韧性。

成功的人大都"术业有专攻"。他们一旦选定行业,就一门心思扎根下去,心无旁骛,在各自领域中积累优势、追求卓越。中国早就有"艺痴者技必良"的说法。古代工匠大多穷其一生只专注于一件事或几件内容相近的事情。《庄子·养生主》中记载的庖丁,《核舟记》中记载的明代微雕艺人王叔远等大抵如此。

四、追求突破的创新精神

工匠精神意味着执着、坚持、专注,甚至是陶醉、痴迷,但它绝不等同于因循守旧、拘泥于一格的"匠气"。因为它包括追求突破、追求革新的创新内蕴。这意味着,工匠必须把"匠心"融入生产的每个环节,既要有对职业敬畏、对质量严苛的职业精神,又要有追求突破、追求革新的创新活力。

事实上,古往今来,热衷于创新和发明的工匠一直是世界科技进步的重要推动力量。改革开放以来,从事高铁研制生产的铁路工人和从事特高压、智能电网研究运行的电力工人等都是"工匠精神"的优秀传承者,他们让中国式创新影响了世界。

📖 **阅读故事**

"壁画医生"李云鹤

"从不知到知,由少知到多知的摸索,才慢慢进入了敦煌的艺术之海之中。"被誉为"壁画医生"的李云鹤老人以舍我其谁的勇气和破釜沉舟的决心,成就了壁画修复事业的匠心技艺。

他坚守敦煌文化65年,写满了100多本日志,修复了4 000多平方米壁画、500多身塑像。李老说,文物修复工作的宗旨是根本看不出修过,要修旧如旧,不能修旧如新。他发明重层壁画整体揭取技术,再现许多被"藏起来"的古代壁画,几十年来,从未失误过。他不断向学生们传递着这样的信念——文物保护工作就该用生命守护文物,从而传承和弘扬祖先留下的艺术瑰宝。

（资料来源:贺雁鸿.敦煌研究院修复师李云鹤:用生命守护文物［EB/OL］.(2021-05-24)［2024-05-24］.https://m.thepaper.cn/baijiahao_12833099.）

思考

根据李云鹤事迹,谈谈你对工匠精神的理解。

_____

_____

_____

第二课　工匠精神的当代价值

一、工匠精神与制造业

制造业是国民经济的主体,是立国之本、兴国之器、强国之基。尤其是改革开放以来,我国制造业持续快速发展,建成了门类齐全、独立完整的产业体系,有力地推动了工业化和现代化进程,显著增强了综合国力。然而,与世界先进水平相比,中国制造业仍然大而不强,在自主创新能力、资源利用效率、产业结构水平、信息化程度、质量效益等方面差距明显,转型升级和跨越发展的任务紧迫而艰巨。

在中国从制造大国迈向制造强国的进程中,工匠精神被赋予了新的时代内涵。它不是工匠大师的殊荣,每个坚守工作岗位兢兢业业的劳动者都生动诠释着工匠精神。

二、工匠精神与人工智能

新时代,人工智能技术正在逐步渗透经济和社会生活的方方面面,作为人类智慧和能力的延伸而成为劳动的替代。新闻媒体经常报道人工智能取代人力劳动的新闻,各方面舆论也在议论产业工人面临的就业窘境。适应智能化环境的需要是企业、社会和劳动者个体都需要关注的。智能技术研发和推广的实际表明,有技术、有素养、有创造力的新工匠是时代的需要,也是我国制造业发展的重要依靠。在工匠精神的引领和激励下,产业工人队伍要加强建设,在提升个人素质和能力、满足岗位需要、促进新经济转型、满足自我职业发展需要等方面有巨大的潜力可以挖掘。

📖 探究与分享

2024年《政府工作报告》首次提出"人工智能+"行动。"人工智能+"上升为一种行动,意味着我国正加强顶层设计,加快形成以人工智能为引擎的新质生产力。近几年,智能化飞速发展,机器人的精准度是普通技术工人的数倍,很多行业也可以尝试用机器人代替人工劳动。

在智能化背景下,还需要十年磨一剑,年复一年、日复一日的工匠精神吗?

在智能时代,劳动者需要在自动化、信息化、智能化等应用技术下储备大量的知识,对技术研发、机器维护、机器维修、机器操控等工作进行创造性劳动,还要具备自我突破与创新的能力。这要求从业人员不断学习,建立智能化意识和大数据观念,不断改进生产自动化,加强精益生产,培养刻苦钻研、变革创新的职业素养和职业能力。

三、工匠精神与个人

工匠精神作为一种职业精神,是企业员工提升个人精神追求、完善个人职业素养、实现个人成长进步的重要道德指引。

美国旅馆业巨头康拉德·希尔顿年轻时有过在酒店打工的经历。最初,上司安排他打扫卫生,刷马桶是其中的必要环节。希尔顿对这份工作不满意,对待工作很懈怠。有一天,一位年龄稍长的女同事见他刷的马桶很不干净,就亲自为他做示范。这件事对年轻的希尔顿触动很大,从此他一改对工作的懈怠应付,逐渐树立起踏实认真、一丝不苟的职业精神。后来,希尔顿拥有了自己的酒店,并在行业内独树一帜。回顾他的成功之路不难发现,他年轻时所遭遇的"刷马桶"的职业精神教育这一课是他成长、成才、成功的重要精神财富。

事实上,企业员工所具有的高尚职业操守和强烈的工匠精神与拥有较高专业知识技能一样,是其自身立足职场的重要条件和在未来职业生涯中脱颖而出的制胜法宝。

案例与思考

河北沧州人李德自1982年进入环卫系统以来,从以身作则、不眠不休工作的"拼命三郎"到寻求技术突破、提高机械化作业率解放双手的专家,通过自主创新真正改善了这份曾被戏言"顶风臭八里地"的工作。

小型粪便机械化作业车、自动压缩式固液分离吸污车、多功能高压冲洗车……从2004年开始,李德的发明填补了我国特种设备及特种车4项空白。他凭着自主研发,让沧州运河区公厕管理的粪便清淘机械化作业率从18%提升到了98%。李德说:"9项专利代表着环卫工作中需要攻克的9个难题。"作为环卫工人,他要让这份工作少些味道、多些尊严。

"我所理解的'大国工匠',不仅需要专业知识和技能的支撑,更需要吃得了苦、经得起磨难、耐得住寂寞。"李德说。

(资料来源:张智超.李德:"创新是一辈子的事"[EB/OL].(2021-06-24)[2024-05-24].https://www.cznews.gov.cn/newweb/zhuanti/qhxzc/2021-06-24/44119.html.)

思考

你所理解的环卫工人都是负责什么工作的?他们的工作也需要工匠精神吗?他们的工作如何体现工匠精神?

▶ 观看电影

《大国工匠》系列节目

《大国工匠》是央视新闻频道 2015 年 4 月 29 日起推出的"五一"特别报道。节目讲述了为长征火箭焊接发动机的国家高级技师高凤林等多位劳动者用自己灵巧的双手,始终坚守在各自的岗位上,匠心筑梦的故事。这群不平凡的劳动者的成功之路不是进名牌大学、拿耀眼文凭,而是默默坚守、孜孜以求,在平凡岗位上追求职业技能的完美和极致,最终脱颖而出,跻身"国宝级"技工行列,成为一个领域不可或缺的人才。

"问渠那得清如许,为有源头活水来。"人的心灵深处一旦有了源源流淌的"活水",便有了创业创造、建功建树的不竭"源泉",即"成功之源"。这个"成功之源"就是爱岗敬业。有那么一些人,他们也希望能功成名就,却缺少必备的"成功之源"。他们既不爱岗,更不敬业,有的挑肥拣瘦,这山望着那山高;有的不务正业,把主要精力放在"第二职业"上;有的粗枝大叶,不求"过得硬"但求"过得去"。这样的人是很难有所建树的。

爱岗敬业,是社会主义核心价值观中的内容之一。无论是筑就人生美丽梦想,还是践行社会主义核心价值观,既不是虚无缥缈的,也不是高不可攀的。爱岗敬业的高尚精神,就根植在你我他的职业道德里、情感良心中。表面上,爱岗敬业是利他的;实质上,爱岗敬业也是利己的。换言之,它是满足社会需求与实现个人价值的有机统一。

"大国工匠"的感人故事、先进事迹表明,只有那些热爱本职、脚踏实地,勤勤恳恳、兢兢业业,尽职尽责、精益求精的人,才可能成就一番事业。

? 思考

为什么只有那些热爱本职、脚踏实地、勤勤恳恳、兢兢业业、精益求精的人,才可能成就一番事业?

🏃 领悟劳动之美

中国古代建筑的一砖一瓦、一榫一卯,皆是劳动人民智慧的结晶。

故宫博物院是中国明清两代的皇家宫殿,旧称紫禁城。它是世界上规模最大、保存最完整的木质结构宫殿建筑群,始建于 1406 年,于 1420 年建成,距今已 600 多年。

雄伟壮丽的紫禁城古建筑,其设计通常由皇帝钦派亲王及内阁重臣组建工程处,下设样式房,指派最优秀的样子匠及建筑师供役。样子匠负责建筑规划、设计、制作画样、烫样,指导施工,并协同政府编制《工程做法》。从康熙朝直至清末民初,样式房的主持人主要出自雷姓世家,他们以出神入化的精湛技艺,取得了卓越的成就,受到上自朝廷君臣下至世人的敬重,被誉为"样式雷"。故宫建筑无论兴建、改建还是修葺,都是在十分严密的管理体制下,经过程序周详、构思巧妙的规划设计,再按照设计图样、模型及施工设计说明进行的。故宫大部分古建筑的艺术结构濡染了"样式雷"建筑世家的心血,是这个雷姓家族前后八代,延续200 多年,主持清代皇家建筑设计事务的成果。像这样一个传承不辍的优秀建筑世家,设计出规模如此浩大、类型如此众多、技艺如此卓绝的不朽杰作,不仅在中国,甚至在世界建筑史上,都堪称无与伦比的奇迹。

？思考

中国古代还有哪些建筑体现了工匠精神?

第三课　工匠精神成就职场骄子

一、做优秀的大国工匠

(一)职业素养与工匠精神的承接

素养是通过训练和实践而获得的一种道德修养。每个劳动者,无论从事何种职业都必须具备一定的思想品德素质、生理素质、心理素质、科学文化素质和审美素质等,但不同职业对以上五种素质的要求是不同的。人对职业的适应与不适应,主要取决于人的职业素养是否达到了职业对人的要求。如果缺乏职业素养,即使工作条件再好,也无法适应。

职业教育是为社会培养人才的摇篮,除了专业教育,应该把职业素养作为培养重点。2019 年 9 月 23日,习近平总书记对我国选手在第 45 届世界技能大赛上取得佳绩作出重要指示:要健全技能人才培养、使用、评价、激励制度,大力发展技工教育,大规模开展职业技能培训,加快培养大批高素质劳动者和技术技能人才。要在全社会弘扬精益求精的工匠精神,激励广大青年走技能成才、技能报国之路。政府和社会对大国工匠精神的期盼与职业教育中提高学生职业素养的办学目标一拍即合。因此,要大力弘扬大国工匠精神,使爱岗敬业、一丝不苟、刻苦钻研、百折不挠、滴水石穿、精益求精的工匠精神成为职业教育培养人才职业素养的核心理念,把职业素养写入人才培养方案中,将工匠精神的培育贯穿于职业教育教学改革全过程,让工匠精神印刻在每个学生的心中。

从学生到大国工匠是一个较长的过程,如果说大国工匠是每位学生想要成为的人,那么职业学校就是大国工匠的起点。从入校的专业教育开始,就应该把与本专业对应的岗位和岗位群所要求的职业素养渗透给每名学生,教师在理论教学中,讲授工匠精神的重要性,在实训教学中,应该按照岗位的要求,进行工匠精神的渗透,让工匠精神融入校园文化和专业文化,使学生在学校就养成职业素养,意识到工匠精神在未来职业中的关键作用。

(二)职业教育与社会责任感的融合

作为当代工匠精神的生力军,社会责任感是必须有的,职业教育应培养学生忠于祖国、有同情心、有正义感、愿为他人奉献的精神,作为未来的大国工匠要对集体和他人负责。

首先,国家、政府部门应出台法律法规和相关政策。俗话说:"天下兴亡,匹夫有责",这就是每个人的家国情怀和责任担当的意识,每个人都应该对国家和社会有一种责任感。企业和个人都要在道德上有正确主张,要有正义感,愿意无私地为他人奉献,践行社会主义核心价值观。政府部门要将表现突出的企业和个人予以表彰,提高大国工匠的工资待遇和社会地位,让整个社会都认识到大国工匠的重要性,形成一种社会主流的责任观和价值观。同时,对一些违背社会道德的企业和个人给予批评、监督和指导。

其次,职业学校、家庭和企业要建立相互统一的责任培养机制,社会责任感不是职业学校单方面教育就能够完成的。家庭是学生的第一个学校,家长是学生的第一位老师,家长的言行举止、道德品质对学生的影响很大,学校应该与学生家长达成一致,这是能让学生接受责任感教育的先决条件。职业学校要改善人才培养方案,将社会责任感与素质教育的课程相结合,并贯穿于整个教学过程。校园中应营造每人都要有社会责任感的氛围,教学中应搭建让学生身临其境的平台,建立有关社会责任感的评价体系和奖惩机制,使学生通过理论和实践,深入理解社会责任感。企业在招聘的时候要把学生的社会责任感作为像学习成绩一样重要的因素考虑进去,进入企业后要有相应的考核机制,因为只有在社会实践中学生才能学会承担责任,才能真正提高思想,把社会责任感融入自己的血液。

(三)职业技能与工匠技术的锤炼

技能型人才是指掌握专门知识和技术,能进行实际操作的人员。职业教育要更好地完成技能型人才的培养,以下两点必不可少。

1.校企合作共同研究人才培养方案

职业学校的理论与实践教学,是为了让学生学到职业技能,能胜任未来的工作岗位,而工作岗位是企业提供的。所以,企业需要的人,才是职业学校培养的方向。随着科学技术的飞速发展、设备的更新换代、新产品新工艺的产生,企业对技能型人才的要求也越来越高。如果企业积极参与制订职业学校的人才培养方案,甚至让企业的大国工匠、技术专家到学校授课,企业可做校外实训基地,这样便会很好地解决校企技术脱钩的现象,学生毕业后,也能很快适应自己的工作岗位,企业也不需要再花大量的时间和精力培养员工。

2.以职业技能大赛为契机,提高学生技能水平

国家文件中明确要求,要积极开展并办好各种职业技能、技术竞赛活动。各级各类职业技能大赛已经成为职业学校、企业展示自我、切磋技艺、相互学习、创新创造的一个重要平台,赛项内容是以国家职业技能标准和企业岗位能力需求为依据制定的。职业学校应以职业技能大赛为契机,以赛促教、以赛促学,将专业课程与相应专业的职业技能大赛紧密结合,丰富理论与实践教学内容,推动专业建设的发展。教师通过大赛的锻炼提升专业能力,更新知识,提高专业技能,增强团队意识,不断优化教学方法,完善自我,以实现"双师型"教师队伍的建设。

"中国制造"向"中国质造"与"中国智造"的大步迈进,是全面提升产业技术水平和国际竞争力的一项重要发展战略。我国有大量的企业和丰富的产品,可以形成持续的竞争优势,这就需要大量的大国工匠。职业教育是大规模培养未来大国工匠的基地,必须把工匠精神融入职业教育,培养学生具有社会责任感,锤炼学生掌握适合企业需要的专业技能,这是职业教育的重要责任。职业教育人必须不忘初心、牢记使命,为中华民族伟大复兴中国梦的实现提供更多的大国工匠,为实现制造强国而努力奋斗!

二、传承工匠精神

匠心筑梦,大国崛起。随着时代进步和社会发展,曾经的一些老手艺因与现代生活不相适应而逐渐消失,但是工匠精神却传承下来,永不过时。作为新时代的先锋力量,学生应接力传承工匠精神,为实现中华民族伟大复兴而奋斗。

我国古代鲁班、李春等工匠大师以其独特的工匠技艺奠定了古代建筑文明的基础，影响了建筑行业与建筑文化几千年的发展，改善和丰富了人们的物质文化生活；我国现代涌现出的高凤林、宁允展、胡双钱等国家级工匠，对航空工业、航海工业、高端电子产品的发展起到了较好的推动作用，以勇于创新、敢于试错的工匠精神，做出了改变世界的创新成果。

很多学生认为工匠只是技术工人，没有认识到工匠在人类文明发展史上的重要作用，更没有认识到工匠精神的广泛性。我们应重新审视工匠的作用和地位，在工艺知识和技能方面下功夫，通过专题讲座、实践实习、观看电影等方式，了解工匠对工艺精益求精的钻研精神，以及工匠、工匠精神对经济建设和社会发展的重要意义。

工匠精神作为一种看不见摸不着的东西，它熔铸在产品里面，表现在作品的细节和作品的创意上面。工匠精神以产品、故事、传说等载体被人们广泛传播和熟知，激励无数人不懈追求。工匠精神不是与生俱来的，它有着自己的成长模式，至少包含以下三个方面的水平：第一是行为水平，指的是一个人能够主动培养与所从事行业的能力，或者能够被触动从事一些事情，但这只是在行为水准上的水平；第二是态度水平，工匠还要有更富创造性的革新精神，不能满足于现存的状态，要不断地追求创新，这种态度是不能用数量表示的，可以说是本能的职业意识；第三是一个人的基本信仰和信念，这种信念基于要做成某事的强烈愿望。

拥有工匠精神的人有着将自己所从事的行业做到极致的信念，工匠精神的践行策略可以通过以下几种方式进行。

（1）弘扬职业平等的价值取向。未来，在经济地位上，各职业的劳动与薪酬将逐步调节，会更加合理。学生应明确现代社会中体力劳动者与脑力劳动者不是对立的，两者相互交融。未来的职业发展中，脑力劳动中渗透体力劳动，体力劳动中渗透脑力劳动，两者间的关系是"你中有我，我中有你"的状态。例如，一个好月嫂不仅仅需要付出体力劳动，做相应的家务，也需要运用相应的脑力劳动，把握产妇的产后心理以及初生婴儿的保健问题，是一个融合体力与脑力活动的职业。

（2）关注工匠精神的去精英化典范树立。现如今大家所关注的工匠精神的典范树立一般从工艺大师着手，殊不知，能成为手工艺大师者，必然经历长期的风雨洗礼、岁月的打磨。而这对普通人来说则是难以做到的，况且工匠精神若仅仅体现在手工业巨匠身上，则工匠精神不能引起共鸣。从工匠精神的内涵剖析则可以看出，工匠精神是一种去精英化的职业道德，是平民化的职业思想。在进行工匠精神的宣传中要注意去精英化典范的树立，合理分配"平民"与"精英"的比重，确保对工匠精神宣传导向的正确性。

（3）注重现代学徒制中的工匠精神培养。现代学徒制是以校企合作为基础，以学生（学徒）的培养为核心，以课程为纽带，以学校、企业的深度参与和教师、师傅的深入指导为支撑的人才培养模式。在现代学徒制中，和传统教学模式相比，出现了以下的转变：由于身份的转变，学生由学生转向学徒；学习地点的转变不仅仅是在学校学习还在生产的一线进行学习；学习方式的转变也由单纯的理论学习转向工学交替；考核方式由原来的教师考核到由师傅评价与教师评价相结合。这些为学生工匠精神的培养提供了丰厚的土壤，学校在企业中挑选具备资格的工匠对学生进行指导，使学生从言语交流以及非言语交流中都能感悟工匠精神。

总之，工匠精神不是仅对工匠提出的素质要求和殷切希望，同时也是整个社会对"职业有分工不同、无高低贵贱"的深刻认识。而我国能不能实现经济结构转型，在工匠精神下创造性人才的培养也至关重要。

案例与思考

以不变之心，传工匠精神

电影《匠心》主要讲述了青年设计师陆曦机缘巧合下回到故乡木雕小镇，重拾祖孙情与匠心精神的故事。该片于 2019 年 4 月 22 日在人民大会堂举行全国首映发布会,于 2019 年 7 月 18 日正式上映。

在远离繁华大都市的木雕小镇上,传统的中华工艺依旧在代代传承。青年设计师陆曦和台商方寒冰为了一个建筑修复方案误打误撞回到自己的故乡——木雕小镇,在这里,他们找到了当下社会年轻人缺失的工匠精神。

作为中华人民共和国成立 70 周年的文艺献礼片,《匠心》成功地使"匠人精神"焕然一新。"匠"字不单意指有手艺的人,还指一种态度与精神。提到匠心,我们脑海中浮现的都是宏伟的建筑、精美的瓷器和精致的木雕。影片《匠心》虽然聚焦在木雕这一行业,但是上映以来,社会各界的观众都在影片中看到了自己的影子,找到了自己的榜样。

思考

当下年轻人为何缺少工匠精神?身为新时代的青年,你将如何传承工匠精神?

实践活动：工匠进校园

活动目标

(1)了解工匠精神的当代价值。

(2)在日常生活和学习中传承并践行工匠精神。

(3)理解"精益求精,力求完美"的精神。

活动准备

1.培训学习

(1)明确目标。在教师的指导下,联系周边企业、个体知名匠人,邀请他们通过网络直播的方式讲述自己的经历。

(2)调动激情。各班级可组织学生在网上查阅相关的新闻报道,知晓劳动是光荣的,感悟工匠精神的意义。

2.联络沟通

班、团干部要事先联系班主任、劳动教师、信息技术教师,与班主任、劳动教师、信息技术教师沟通交流,汇报本次活动的目的、意义、方法,得到各位教师的同意、支持和帮助。

3.人员分工

根据表5-1安排活动任务。

4.安全事项

(1)组织学习网络教育安全管理规定。

(2)提前向学校管理部门报备活动方案,进一步明确组织安排、人员分工、活动流程和安全责任。拟定网络安全承诺书,每个学生签字后留存备查。

(3)设计安全预案,填写工匠进校园活动安全预案申报表(见表5-2)。

5.物资准备

准备好计算机和摄影、摄像器材。

6.场地准备

活动场地安排在多功能教室。活动前应与信息技术教师沟通,确定具体实施时间、活动方式和内容,并保证活动中网络连接畅通。

表5-1 工匠进校园活动分组分工表

组织设置	工作内容	岗位职责
领导小组	由班长、团支书、宣传委员组成,推选出组长和副组长各一名。领导小组全面统筹工匠进校园活动工作	组长:起联系、协调作用等。副组长:协助组长,监督活动的推进

组织设置		工作内容	岗位职责
工作小组	策划协调组	负责策划本次活动,并征求班主任、劳动课教师的建议,收集全班学生能联系到的周边知名匠人的相关信息,联系和协调相关工作,设计活动方案、整理活动方案、宣传方案等	小组长:负责落实本组工作内容的执行、组员管理、组内分工、组间工作内容的协调。 组员:服从小组长管理,自觉遵守活动纪律,积极参与活动,在活动中团结协作
	信息数据处理小组	对收集到的知名匠人信息进行筛选,选出适合网络直播的知名匠人及其经历和故事,并审核所讲内容是否符合相关规定,再报教师和学校审核定稿	
	整理实施组	全班学生参与,并在直播过程中整理好学生的提问,以及知名匠人回答的相关文字内容,作为信息存档,同时维持活动中的课堂纪律	
	网络信息组	本次活动在多功能教室举行,提前与学校网络管理中心联系,确保在视频连线时网络畅通。同时准备好相关的摄影、摄像器材,做好视频的录制工作	
	宣传编辑组	及时编写好新闻宣传报道,班级组织活动总结时进行介绍点评,同时收集学生对此次活动的感悟。经过教师指导修改后,报学校公众号、微博、校报等发布、刊登	

表 5-2 工匠进校园活动安全预案申报表

申报班级		部门负责人(签字)	
活动内容		活动地点	
活动时间		参与学生	
带队教师			
活动安全预案			
分管部门意见			
分管副校长意见			
校长意见			

活动实施

1.精心组织

组织召开班、团干部会议,明确活动的目的及意义。收集并整理全班学生的意见和建议,整理归纳后召开一次主题班会,确认邀请的直播知名匠人,明确人员分工和任务。各个小组着手做好直播前期工作。

2.网络直播

(1)参加活动的学生有序地进入多功能教室就座。由负责教师做动员讲话,强调纪律、安全等注意事项。

（2）领导小组组长分享"工匠精神"内涵,营造氛围,对邀请的知名匠人进行详细的介绍。

（3）由邀请的知名匠人进行网络直播,信息处理数据小组全程关注网络动态。

（4）在直播结束后,整理实施组组织学生和匠人老师互动交流,提出的问题应与直播内容相关。

（5）宣传编辑组做好拍照、录制短视频工作,用于后期宣传和班会分享交流;同时收集学生对此次活动的感悟,编辑之后反馈给直播的匠人老师。

（6）直播尾声,领导小组组长代表班级向知名匠人致谢并送上祝福。

（7）直播结束后,班主任对本次班级组织的活动进行总结和评价;全体学生有序离开多功能教室,整理实施组负责散场整理、保管归还和归位清洁工作。

活动体会

我的收获：_____

_____

_____

我的感悟：_____

_____

_____

改进措施：_____

_____

_____

活动评价

根据表5-3进行活动评价。

表 5-3　活动评价表

评价项目	评价主体		
	自我评价	小组评价	教师评价
劳动观念			
劳动意识			
劳动习惯			
劳动态度			
劳动情感			
劳动知识			
劳动技能			
劳动素养			

注:评价分为四个等级,A 为优秀,B 为良好,C 为合格,D 为不合格。

劳动体验:"工匠精神我来说"主题演讲比赛

活动名称	
活动时间	
活动地点	
活动目标	1.通过分享各行各业工匠的故事和经验,激发学生对工匠精神的理解和尊重。 2.践行社会主义核心价值观,弘扬工匠精神。 3.为学生提供一个展示自我、锻炼口才和提高公共演讲能力的平台,让学生学会如何更有效地组织思想,提高语言表达能力
活动安全	1.活动前进行安全教育,如比赛开始之前不要拥挤,避免发生踩踏事故等。 2.准备劳动安全防护用品,如酒精、消毒棉签、创可贴等
活动准备	1.召开班级动员会,讲清本次活动的意义和注意事项。 2.与宣传部门沟通,做出演讲比赛的宣传海报及展板。 3.指定两人制作活动PPT,并负责在比赛时操作PPT。 4.准备好抽签条、记分牌、评分表,购买饮用水、比赛奖品、荣誉证书等活动用品。 5.布置教室,调试教室内设备。 6.选定主持人1名,计分人员2名,评委3名。 7.奖项设置:一等奖、二等奖、三等奖;最佳台风奖、最佳语言奖、最受欢迎奖。 8.参赛选手每人准备一份演讲稿,要求演讲稿中选用合适的工匠事迹,能充分体现工匠精神,字数不少于1 000字
活动过程	1.播放PPT、音乐、宣传片。 2.主持人讲开场白,介绍比赛规则及评分标准,并宣布比赛开始。 3.学生根据抽签顺序依次登台演讲。 4.各选手演讲完毕,评委打出分数。 5.分数统计期间,老师点评本次比赛活动。 6.主持人宣布比赛最终结果,由教师颁发奖品。 7.比赛结束,学生按秩序离场,并做好清洁卫生
活动分享	小组讨论交流"工匠精神我来说"主题演讲比赛的心得
活动评价	自我评价: 优秀□ 良好□ 合格□ 不合格□ 组长评价: 优秀□ 良好□ 合格□ 不合格□ 活动方评价: 优秀□ 良好□ 合格□ 不合格□

拓展活动：职业生涯规划

很多人认为，上职业学校是无奈的选择。这些人并没有看到职业教育的未来，没有看到技术人才的未来。作为中职生，我们要认识到，依照兴趣和特长选择合适的职业教育，再配合合理的职业生涯规划和积极向上的学习态度，不仅就业前景可观，人生也可大放光彩。

职业生涯规划是一种个人识别自己的职业目标、发展所需技能并制定实现这些目标的计划。了解自己的职业兴趣和价值观，认识到自己的职业优势和待提升的领域，并设定短期和长期的职业目标，最终制订实现职业目标的行动计划，对实现人生价值具有重要意义。

请结合本单元的学习内容，运用职业兴趣测试（如霍兰德职业兴趣测试）认识自己感兴趣的职业，思考自己未来的职业方向，以及现阶段可以为今后职业发展所做的准备，并制订出一套实际可行的职业生涯规划。

劳动实践篇

第六单元

家庭校园劳动

　　人民是历史的创造者。工人阶级是我国的领导阶级，是先进生产力和生产关系的代表，是坚持和发展中国特色社会主义的主力军。全面建设社会主义现代化国家，符合全国各族人民根本利益和共同愿望，我国工人阶级和广大劳动群众要坚定不移听党话、矢志不渝跟党走，当好主人翁，建功新时代。

——2020年11月24日，习近平总书记在全国劳动模范和
先进工作者表彰大会上的讲话

学习目标

- 了解家庭劳动的意义，学会家庭日常清洁。
- 了解教室卫生打扫要求及标准。
- 能够对校园环境卫生进行保持和维护。
- 能够保持宿舍设施整洁、物品井然有序。

劳动榜样

一日人生——致敬普通劳动者

新的一天,从升旗仪式开始。

清晨5时许,北京天安门广场上,仪仗队员迈着整齐划一的步伐踏过金水桥,穿过长安街。一切准备就绪后,5点15分,在国歌伴奏下五星红旗冉冉升起。

"水果医生"从2018年开始尝试以浅显易懂的语言为民众科普医学知识。他用水果模拟人体器官,为网友讲解妇科疾病原理和治疗方式。他还通过情景模拟的方式教授常见的基础急救技巧,如给猕猴桃做龙凤胎剖宫产,用草果演示心脏缝合手术,给枇杷果切阑尾……

"90后"无臂女孩因童年时期的一场意外失去双臂,此后学习用脚生活。她用视频将自己的日常生活记录下来,用脚做了一盘西红柿炒鸡蛋和一碗清汤面,用脚化妆、洗脸、写字、织毛衣、包饺子、切西瓜等。她的励志人生以及乐观积极的生活态度感动了无数人。

除此之外,维持市容的环卫工人、唤醒味蕾的早餐铺老板、警察、外卖小哥,还有消防员、婚礼主持人、教师、医生等各行各业的劳动者,均呈现各行业的日常工作,体现了平凡人的不平凡人生。

(资料来源:钟甜甜.致敬普通劳动者 19 位职业人在快手直播"一日人生"[EB/OL].(2020-05-03)[2024-05-24].https://baijiahao.baidu.com/s？id=1665678911218210642&wfr=spider&for=pc.)

第一课 家庭劳动

家庭是社会组织的基本单位,是传承中华优秀传统文化的摇篮;家庭是凝聚亲情的地方,也是让人们魂牵梦萦的避风港。人们应当感恩父母、孝敬父母,并且随着年龄的增长,主动承担一些家庭事务,为家庭做一些力所能及的贡献,与此同时,体会父母为家庭付出的爱和劳动。我们应在家庭环境中践行劳动精神,承担家庭劳动,参与家庭财务管理,报答父母的养育之恩,传承家庭劳动美德。

一、家庭劳动的含义和内容

家庭劳动是指以家庭成员的身份参加家里的家务劳动或家庭生产经营性劳动,通常是自发的、自愿的、无偿的。家庭劳动是贯穿人生始终的必修课,从一个家庭的起居环境可以感受到主人的追求、家庭成员的关系以及家风传承情况。中职生能参与的家庭劳动一般包括洗衣、做饭、打扫卫生、照看老人和孩子、购买日用品等。

二、参与家庭劳动的意义

对于中职学生来说,参与家庭劳动的意义主要包括以下三点。

(1)参与家庭劳动有助于形成艰苦朴素、懂得感恩等良好品质。参与家庭劳动,能够体会劳动成果的来之不易,感受到父母、亲人为家庭幸福持续不断的付出,从而感恩父母的无私奉献,养成勤俭节约、爱惜劳动成果的良好品质。

（2）参与家庭劳动能够使人增强本领，提高生存能力，自立自强。

（3）参与家庭劳动是传承家庭优良作风的重要形式。

（4）对于中职学生来说，参与家庭劳动有利于身心健康发展，还有利于促进学业、职业的发展进步。

三、学做拿手菜

家庭劳动中非常重要的一项内容就是做饭炒菜。受地域与文化的影响，人们的饮食习惯与膳食结构存在着一定差异，建议学做几样特色饭菜，并根据自己及家人的口味调整味道。学做饭菜的同时要做好安全防护，避免受伤。

> **📜 资料卡**
>
> **西红柿炒鸡蛋的制作小窍门**
>
> 制作西红柿炒鸡蛋时，鸡蛋和西红柿的比例很关键，如果西红柿少了，炒蛋吃起来会油腻、干涩、味道不足；西红柿多了又会使汤水太多、味道太酸、不能尽兴吃到炒蛋。一般用两个鸡蛋配上同样大小的西红柿两个，或大一点的西红柿一个。炒西红柿之前需要先简单地进行去皮处理，这样炒出来的菜口感会更好。在洗好的西红柿顶部开花刀，用开水烫一下，西红柿的皮会立刻张开，很容易剥掉。在切西红柿时尽量将西红柿切成橘子瓣大小的块，这样才能得到比较多的汁水，而且把块切得小一点还可以减少翻炒的时间。
>
> 鸡蛋液常常会粘在碗上，可以在鸡蛋要下锅的时候再拿筷子搅拌，搅拌好之后直接放进锅里，这样鸡蛋便不会粘在碗上。搅拌鸡蛋时，要用力多搅拌一会儿，逐渐加快速度，使筷子尽可能多地浸在鸡蛋里，鸡蛋表面泡沫越多代表搅拌的程度越好。往锅里倒入相当于鸡蛋液的2/3的油，加热。倒入鸡蛋前，把油锅摇一摇，使油铺满锅底，这样鸡蛋就不会粘在锅壁上。鸡蛋液要沿着油和锅壁的边缘倒入，鸡蛋液会自然凝固，等到鸡蛋液刚刚凝固时，用铲子从鸡蛋的边缘轻轻铲入，将鸡蛋翻个面，煎一下，等两面都呈现金黄的颜色时，把鸡蛋从锅里铲出来。在这个时候，锅里应该还有一些油，把西红柿倒进去，翻炒几下，可以加点糖。由于西红柿含有大量的水分，会有水分析出，这个时候把炒好的鸡蛋放进去，放入少许盐，翻炒几下，撒上葱花，就可以出锅了。这样做，西红柿刚好能够产生足够的、恰到好处的、味道纯正的新鲜汁水。

四、洗衣方法

家庭是中职学生成长的重要环境，掌握一些家庭劳动技能是很重要的，清洗衣物是家务中常见的劳动，保持衣物干净既是对他人尊重，也是对自己负责。

衣物的洗涤说明一般缝在上衣或者裤子的里侧，除此之外像包袋、沙发、坐垫、毛巾、毛绒玩具、帐篷、鞋子、帽子、雨伞等物品上都会有水洗标。水洗标在日常生活中又称"洗水标""洗涤标""洗标"，大部分是经过印刷制作而成，也称作"印标""布标""缎标"等。虽然水洗标的叫法不一，但它的内容一般是一些服装参数和注意事项、衣服的面料成分、正确的洗涤方法等，有的水洗标会印上品牌 Logo，洗过不掉色。

衣物如何洗涤是一个很重要的问题，因为正确的洗涤方法会让衣物亮丽如新，而不当的洗涤方法会严重损坏衣物，所以大家很有必要了解一下洗涤符号。常见的洗涤符号如图6-1所示。

图6-1　常见的洗涤符号

在日常生活中,我们使用不正确的洗涤和晾晒等处理方法,会导致衣物的品质下降,甚至会伤害到衣物。其实,在我们购买衣物的时候,厂家已经把洗涤方法告诉了我们,那就是印在衣服条缝或吊牌上的洗涤标识图,不同种类的衣服,洗涤要求也不同。

1.单裙/连衣裙/裤子/外套(一般梭织物)

洗涤要求:常规程序,最高洗涤温度40 ℃,不可漂白,悬挂晾干,熨斗底板最高温度110 ℃,可低温干洗。

2.针织衫/针织裙/棉袄

洗涤要求:常规程序,最高洗涤温度40 ℃,不可漂白,悬挂晾干,熨斗底板最高温度110 ℃,可低温干洗。

3.毛衫

洗涤要求:手洗,最高水温40 ℃,不可漂白,平摊晾干,熨斗底板最高温度110 ℃,可低温干洗。

4.羊毛外套

洗涤要求:不可水洗,不可漂白,在阴凉处悬挂晾干,熨斗底板最高温度110 ℃,可低温干洗。

5.皮衣

洗涤要求:不可水洗,不可漂白,在阴凉处晾干,不可熨烫,可低温干洗。

专业维护:请到专业皮衣护理店护理清洁,注意防酸防碱,储藏要防潮、防霉、防虫蛀。

6.羽绒服(包含免烫物)

洗涤要求:常规程序,最高洗涤温度40 ℃,不可漂白,悬挂晾干,不可熨烫,不可干洗。

五、晾晒衣物

衣物甩干或拧干后,要及时晾晒,否则会发霉。晾晒的时候要尽量将衣物展开,尽量通风、接近阳光,这样晾干后闻起来会比较清新。阳光是天然的消毒剂与漂白剂,可以彻底杀灭螨虫、细菌和其他有害微生物,但有些衣物因掉色等要避免暴晒。为防止衣物掉落,可以用夹子夹住衣物。如果是特别着急穿的衣物,可以用两个衣架把衣物撑起来,衣物的前后襟之间形成一个空桶,再用电吹风在里面吹一吹。晾晒衣物要注意安全,尤其是在阳台等高处。有些地方不允许在室外或窗外晾晒,如无晾晒装置或不允许外挂晾衣架的楼房,或窗外有电线经过的地方等。

六、熨烫技巧

(一)熨烫工具

日常生活中使用的熨烫工具主要有电熨斗和挂烫机,下面介绍它们的特点。

(1)电熨斗。电熨斗是熨平衣服和布料的工具,功率一般在 300~1 000 W。它的类型可分为普通型、调温型、蒸汽喷雾型等。普通型电熨斗结构简单,价格便宜,制造和维修方便。调温型电熨斗能够在 60~250 ℃范围内自动调节温度,能自动切断电源,可以根据不同的衣料采用适合的温度熨烫,比普通型省电。蒸汽喷雾型电熨斗既有调温功能,又能产生蒸汽,有的还装配有喷雾装置,免除了人工喷水的麻烦,衣料润湿更均匀,熨烫效果更好。电熨斗的工作原理在于压烫。无论是为衬衫压出挺拔的领子与袖口、为百褶裙压出一道道褶,还是为裤子压出裤线,电熨斗都能做到,但使用起来需要掌握一定的技巧。

(2)挂烫机。挂烫机也称"挂式熨斗""立式熨斗",就是能挂着熨衣物和布料的机器。挂烫机分为手持式挂烫机、普通蒸汽挂烫机、压力型蒸汽挂烫机。挂烫机通过内部产生的灼热水蒸气不断接触衣物和布料,达到软化衣物和布料纤维组织的目的,并通过"拉""压""喷"的动作烫平衣物和布料,使衣物和布料完好如新。与电熨斗相比,使用挂烫机更加方便简单。它的水箱容纳量较大,可以长时间工作,方便连续熨烫多件衣物,但熨烫效果没有电熨斗好,适合对熨烫要求不是很严格的衣物。

(二)熨烫顺序

在日常熨烫衣物时,一般遵循"先烫反面,再烫正面;先烫局部,再烫整体"的原则,以下是日常衣物的一般熨烫顺序。

(1)上装:分缝—贴边—门襟—口袋—后身—前身—肩袖—衣领。

(2)裤装:腰部—裤缝—裤脚—裤身。

(3)衬衫:分缝—袖子—领子—后身—小裆—门襟—前肩。

在实际熨烫过程中,也可以根据衣物的具体情况适当调整顺序。此外,当一次要熨烫多件衣物,而且它们需要设置不同的温度时,要先设置所需温度低的衣物的温度,然后逐渐增加。

(三)熨烫注意事项

(1)要烫熨的衣物必须先洗干净,否则衣物上的污点在熨烫后会更明显。未洗净或未烫干的衣服,储藏久了会产生霉点。用醋水洗净后再熨烫,霉点即可消除。

(2)毛料衣物有收缩性,熨烫毛料衣物的方法是应在反面垫上湿布再熨烫。

(3)针织衣物易变形,不宜重重地压着熨烫,只要轻轻按着即可。

(4)皮革衣物易起皱,熨烫时温度不可过高,熨烫时须用棉布垫上,然后不停地来回均匀移动熨斗。

(四)熨烫步骤

(1)用蒸汽电熨斗熨烫衣服的具体步骤。

步骤一:准备蒸汽电熨斗一个、熨案一个。

步骤二:查看衣物材质,并检查衣物的洗标,以便根据材质和洗标上的说明来设置相应温度。

步骤三:向熨斗中注水。蒸汽熨斗有蓄水槽,向蓄水槽中注入蒸馏水或者瓶装水,以防矿物质在熨斗和衣物上聚集。

步骤四:正确设置温度。接通电源,设置到合适温度后,让熨斗保持直立状态,等待加热。当熨斗开始加热时,指示灯亮,当达到工作温度时,指示灯灭,即可熨烫。

步骤五：熨烫。将熨烫的衣物整理平整放在熨案上，按照"先烫反面，再烫正面，先烫局部，再烫整体"的原则进行熨烫，具体顺序可参照上面介绍的"熨烫顺序"来进行。

步骤六：将衣物挂起。熨烫完后，要用衣架将熨烫完的衣物挂在通风处。因为衣物在冷却过程中很容易产生褶皱，并且蒸汽熨斗喷出的水蒸气会使衣物潮湿，所以必须晾干以后才能放入衣柜收纳。

步骤七：电熨斗使用完毕拔掉电源后，竖直放置，待冷却之后再收起存放。若为蒸汽熨斗，要记得将余水倒净，不然遗留下来的水会从底板流出，时间久了底板会受到侵蚀。

(2)使用挂烫机熨烫衣服的具体步骤。

步骤一：取出挂烫机，将支架和导气管安装好，并给水箱里灌入普通饮用水。挂烫机对水质的要求不高，具体水量请参照挂烫机使用说明书。

步骤二：把要熨烫的衣物用衣架挂好，将衣架放在挂烫机的支架上。查看衣物材质，并检查衣物的洗标，以便根据材质和洗标上的说明来设置相应温度。

步骤三：插上电源，设置相应温度。在等待加热的时间里，查看衣服哪里的褶皱严重需要重点熨烫。当喷气口开始喷气时，即可熨烫衣服。

步骤四：熨烫。使用挂烫机时，我们可以灵活掌握熨烫顺序，一般原则是"先熨烫褶皱严重的部分，后熨烫其他部分"。对准褶皱严重的部分从上往下慢慢捋着熨烫，可以反复熨烫几次，直到平整为止，其他部分熨烫一次即可。

步骤五：挂烫机刚熨烫过的衣服是潮湿的，必须要拿到通风处晾干后才能收纳。

步骤六：挂烫机使用完毕拔掉电源后，喷头的部分应小心放置，一般挂在支架上，待冷却之后，将水箱内剩余的水倒出(不要使用完毕马上将水倒出，因为此时水箱内的水温度很高，容易烫伤)，然后将支架拆卸完毕后收起存放。

📋 资料卡

收纳衣物的小技巧

技巧1：衣物分类后，都折叠成一致大小，并且整齐摆放，这样能够充分利用空间，且方便取拿。尤其是衬衫，都以领口为准排列整齐时，领口不会变形，每件衣物还能被清楚地看见。

技巧2：T恤类卷成圆筒状放入抽屉中。由于T恤不怕折，可以将T恤的袖子往内折，再从下往上卷成圆筒状。这样除了能保持整洁之外，收放也比较方便，不用担心翻乱其他衣服。

技巧3：长裤收纳，可以利用保鲜膜的卷心来帮助整理。把两个保鲜膜卷心放在裤子上，将裤子分为三等分，然后折起来。可将三条放有保鲜膜卷心的裤子放于抽屉下层，上方还可以放一些衣物，因为有保鲜膜卷心的支撑，就不必担心长裤会被压坏了。

技巧4：巧用袋式处理法。袋子多半有带子或挂钩，是可以挂起来利用立体空间的收纳工具。不管衣柜内还是衣柜外，多争取一些立体空间能大大增加收纳量。

七、家庭日常清洁

(一)通风换气

拉窗帘、开窗、通风，检查窗帘是否有掉钩、脱轨等情况。平时窗帘的清洁只需将灰尘掸落，如果存在无法掸落的污渍就要手洗、机洗或拿到洗衣店里去清洗。遇风雨天或室内空调正使用时，注意不要开窗。开窗后或外出时应关闭空调。

(二)整理床铺

整理床铺时,要将床单被套理齐、拉平整。床上用品会与皮肤直接接触,平时要注意床上用品的清洁。一般来说,床上用品的清洗间隔应根据季节而定。夏季建议一周清洗一次,冬季建议两周清洗一次。清洗时,最好选择晴朗的天气,以便清洗完的床上用品能够接受紫外线的照射,从而有效清除细菌和螨虫。

(三)清理垃圾

清除垃圾篓时,如果套有塑料袋,应直接把垃圾袋取出,妥善处理垃圾袋里面的危险品,并换上新的垃圾袋。

(四)房内抹尘

准备干湿两块抹布,用柔软的干抹布擦拭电器、镜子及其他易湿易腐蚀物品。家具清洁顺序:由上至下、由里向外、由左到右,先桌面后桌腿,先擦大件再擦小件,先擦净处再擦脏处,先打扫明处后打扫暗处,先擦拭后摆放。

(五)地面清洁

用拖把、笤帚或吸尘器按从里至外方向对房内地面进行清洁,清洁过程中发现物品损坏应及时告知家长,并将损坏的残物妥善清理。

八、垃圾分类

(一)新版《生活垃圾分类标志》

2019 年 11 月 15 日,新版《生活垃圾分类标志》发布,同年 12 月 1 日起正式实施。与 2008 版标准相比,新标准将生活垃圾类别调整为厨余垃圾、可回收物、有害垃圾和其他垃圾四大类。生活垃圾分类标志的含义与说明如表 6-1 所示。

表 6-1　生活垃圾分类标志的含义与说明

序号	图形符号	含义	说明
1	♲	可回收物	表示适宜回收利用的生活垃圾,包括纸类、塑料、金属、玻璃、织物等
2	✖	有害垃圾	表示《国家危险废物名录》中的家庭源危险废物,包括灯管、家用化学品和电池等
3	⧗	厨余垃圾	表示易腐烂的、含有机质的生活垃圾,包括家庭厨余垃圾、餐厨垃圾和其他厨余垃圾等
4	♺	其他垃圾	表示可回收物、有害垃圾、厨余垃圾外的生活垃圾

新版《生活垃圾分类标志》分别由四大类标志和 11 个小类标志组成,具体如表 6-2 所示。其中,厨余垃

坂和其他垃圾又称"湿垃圾"和"干垃圾"。

表6-2 标志的类别构成

序号	大类	小类
1	可回收垃圾	纸类
2		塑料
3		金属
4		玻璃
5		织物
6	有害垃圾	灯管
7		家用化学品
8		电池
9	厨余垃圾	家庭厨余垃圾
10		餐厨垃圾
11		其他厨余垃圾
12	其他垃圾	

(二)"扔"垃圾的知识

进行垃圾分类,关键要掌握分类原则:可回收物(材质为玻璃、金属、塑料、纸、衣物);有害垃圾非常少,主要是废电池、废灯管、废药品、废油漆及其容器;厨余垃圾看是不是很容易腐烂,是不是容易粉碎;剩余的就都是其他垃圾了。当发现有混淆模糊、不能准确判断类别的垃圾时,也可以把它归为其他垃圾。除此以外,还有大件垃圾和装修垃圾。

(1)可回收物是指适宜回收、可循环利用的生活废弃物,如图6-2所示。

图6-2 可回收物

投放要求:应尽量保持可回收物清洁干燥,避免污染;立体包装物应清空内容物,清洁后压扁投放;易破损或有尖锐边角的应包裹后投放。

(2)有害垃圾是指生活垃圾中对人体健康或自然环境造成危害的物质,必须单独收集、运输、存储,由环保部门认可的专业机构进行特殊处理,如图6-3所示。

药
电
灯
胶
油
漆
温度计

有害垃圾记忆口诀:
摇电灯,
(药、电、灯)
浇油漆,
(胶、油、漆)
温度计

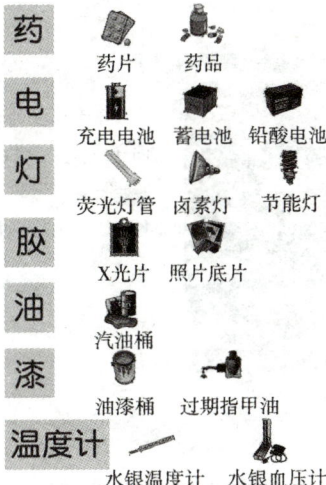

药片　　药品

充电电池　蓄电池　铅酸电池

荧光灯管　卤素灯　节能灯

X光片　照片底片

汽油桶

油漆桶　过期指甲油

水银温度计　水银血压计

图6-3　有害垃圾

投放要求:投放有害垃圾时,应注意轻放;易破碎物品及废弃药品应连带包装或包裹后投放;压力罐装容器应排空内容物后投放。

另外,公共场所产生有害垃圾且未发现对应收集容器时,应携带至有害垃圾投放点妥善投放。

(3)厨余垃圾(湿垃圾)是指食材废料、剩菜剩饭、过期食品、瓜皮果核、花卉绿植、中药药渣等易腐的生活废弃物,如图6-4所示。

投放要求:厨余垃圾应从产生时就与其他品种垃圾分开收集;投放前尽量沥干水分,有外包装的应去除外包装投放。

另外,公共场所产生厨余垃圾且未发现对应收集容器时,应携带至厨余垃圾收集点妥善投放。

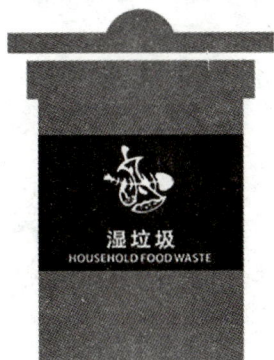

湿垃圾:
食材废料
剩菜剩饭
瓜皮果核
花卉绿植等

猪肉　果核　甜品　鸡蛋及蛋壳

茶叶渣　中药渣　盆栽植物　调味料

剩菜剩饭　虾　鱼　菜叶

沙拉酱　红枣　生面条　宠物饲料

图6-4　厨余垃圾(湿垃圾)

(4)其他垃圾(干垃圾)是指除可回收物、有害垃圾、厨余垃圾外的其他生活废弃物,即现环卫体系中主要收集和处理的垃圾,如图6-5所示。

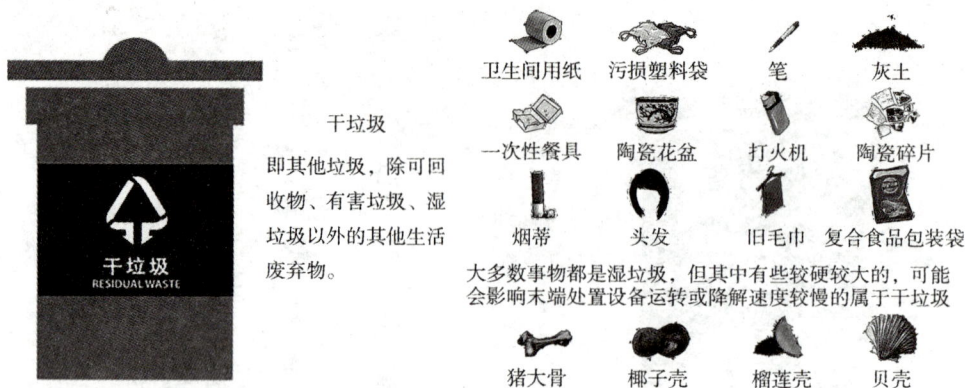

卫生间用纸　　污损塑料袋　　笔　　灰土

一次性餐具　　陶瓷花盆　　打火机　　陶瓷碎片

烟蒂　　头发　　旧毛巾　　复合食品包装袋

大多数事物都是湿垃圾，但其中有些较硬较大的，可能会影响末端处置设备运转或降解速度较慢的属于干垃圾

猪大骨　　椰子壳　　榴莲壳　　贝壳

干垃圾
即其他垃圾，除可回收物、有害垃圾、湿垃圾以外的其他生活废弃物。

图6-5　其他垃圾(干垃圾)

投放要求：投入其他垃圾收集容器，并保持周边环境整洁。

（5）大件垃圾，如沙发、床垫、木桌、床架等可联系大件垃圾收集运输单位上门回收，或者投放至管理责任人指定的场所。

大型电器电子产品也属于大件垃圾，如空调、电冰箱、洗衣机、电视机等，处理此类垃圾时可联系规范的电子废弃物回收企业预约回收，或按大件垃圾管理要求投放。需要注意的是，小型电器电子产品包括笔记本电脑、手机、电饭煲等，可按照可回收物的投放要求进行投放。

（6）装修垃圾，如碎马桶、碎石块、碎砖块、废砂浆及废料等。装修垃圾和生活垃圾应分别收集，并将装修垃圾装袋后投放到指定的场所。

（三）废品回收及利用

垃圾中的其他物质也能转化为资源，如食品、草木和织物可以堆肥，生产有机肥料；垃圾焚烧可以发电、供热或制冷；砖瓦、灰土可以加工成建材等。各种固体废弃物混合在一起是垃圾，分开就是资源。如果能充分挖掘回收生活垃圾中蕴含的资源潜力，可获得一定经济效益。可见，及时对消费环节产生的垃圾进行分类、回收再利用是解决垃圾问题的最好途径。

领悟劳动之美

自古以来，劳动便是中华民族歌颂的主题之一。在众多的诗词中，劳动者的形象生动而鲜明，他们辛勤耕耘，不畏艰辛，为我们的生活带来了无数的便利和舒适，劳动之美便在这朗朗上口的诗词中得到了充分体现，如《悯农》。

悯农

唐·李绅

锄禾日当午，汗滴禾下土。

谁知盘中餐，粒粒皆辛苦。

这首诗以简洁的语言描绘了农民在炎热的太阳下辛勤劳作的场景。"锄禾日当午"描述了农民在中午烈日下锄草的情景，"汗滴禾下土"则形象地描绘了农民的汗水滴落在土地上，与土地紧密相连。这两句诗展现了农民辛勤劳动的场景，体现了劳动之美。

"谁知盘中餐，粒粒皆辛苦"则表达了对农民辛勤劳动的敬意和同情。这两句诗提醒人们，每一粒食物都来自农民的辛勤劳动，我们应该珍惜食物，感激农民的辛勤付出。

《悯农》通过描绘农民辛勤劳动的场景,展现了劳动之美,并表达了对农民的敬意和同情。这首诗以其简洁而深刻的语言,让人们更加关注农民的生活,珍惜食物,尊重劳动。

延伸学习任务:请结合本单元的学习内容,收集有关劳动的诗词摘抄吟诵,也可以制作手抄报,时时激励自己争做新时代劳动者。

？ 思考

你还知道哪些有关劳动的诗词?

⭐ 案例与思考

如何建立健康的劳动关系

某"神童"13岁进入了大学,成为当时年龄最小的大学生。17岁考上了硕博连读的研究生。他的母亲认为"只有专心读书,将来才有出息",因此,除了学习,家里任何事情都不让他插手。她给儿子洗衣服、端饭、洗澡、洗脸,甚至为了让儿子在吃饭的时候不耽误看书,还给他喂饭。

进入大学后,他脱离了母亲的照顾,热了不知道脱衣服,大冬天不知道加衣服,穿着单衣、拖鞋就往外跑;房间不打扫,屋子里也臭烘烘的,袜子、脏衣服到处乱扔。最后连硕士学位都没拿到就被学校劝退了。

(资料来源:张丹.神童母亲的忏悔[N/OL].(2016-04-14)[2024-05-24].https://epaper.gmw.cn/wzb/html/2016-04/14/nw.D110000wzb_20160414_1-03.html.)

？ 思考

家庭劳动对青少年的意义是什么?你会如何平衡学习与家庭劳动之间的关系?

第二课　校园清洁劳动

一、教室卫生打扫要求及标准

(1)普通教室的值日生为上课班级学生,以小组为单位,每组轮流值日一周。

（2）专业教室及报告厅、体育馆等必须保证每周打扫两次，做到地面无污物、无脚印，整体干净、整洁。

（3）专业教室及门口走廊垃圾桶要及时清理，保持干净、卫生，要求无烟头、无异味，桶内干净无污物。

（4）讲台、边柜等必须保证每周擦拭两遍，无灰尘，每天最后一节课须用湿抹布清洁白板一次。

（5）门与窗台要擦拭干净，门窗所有玻璃要保持整洁明亮；墙面无乱涂乱画、无污垢泥渍、无明显积尘；桌椅必须保持整洁，座位上无字迹墨迹、无垃圾、无头发等。

（6）配发的卫生工具须保持干净整洁，做到一次一清洗；清扫完成后，须将卫生工具分类摆放，整齐有序。

（7）上课班级学生要注意爱惜值日生的劳动成果，在上完课离开时，有折叠桌板的须将桌面板收起，把座椅摆放整齐。

（8）专业教室内禁止乱扔果皮纸屑和饮料瓶，禁止随地吐痰、随地倒污水、在墙上乱涂乱写。

二、走廊、楼梯的卫生

一般室内学习休闲的空间有：室内敞开式休息间、走廊过道、楼梯平台、报告厅、礼堂、门厅等。保洁内容主要有：天花板、墙面、窗户、玻璃、桌椅、柜子、地面等。

（一）清洁工作内容

（1）检查。进入休闲空间后，先查看是否有异常现象、有无已损坏的物品。如发现异常，应先向有关部门报告后再进行保洁作业。

（2）清扫。先用扫帚对地面进行清洁，扫去纸屑、灰尘等。

（3）擦抹。

①从门口开始，由左至右或由右至左，依次擦拭室内桌椅、柜子、讲台和墙壁等。抹布应拧干，擦拭每一件物品时，应由高到低、先里后外。

②重点擦拭门、窗台等。操作时，先将湿润的涂水器毛头（干净的）装在伸缩杆顶部，沿顶部平行湿润玻璃，然后湿润其他部分的玻璃。再用干净的抹布擦干净窗框及窗台等，最后用干燥的无毛棉布擦净玻璃四周和中间的水珠。

③大幅墙面、天花板等定期清洁（如每周清理一次）。

④整理。桌椅、柜子等擦净后，按照原位摆放整齐。

⑤更换。收集垃圾并更换垃圾袋。

⑥推尘。用拖把清洁地面，按照先里后外，先边角、桌下，后地面进行推尘作业。清洁结束后把桌椅、柜子等设备恢复原位。

（二）清洁质量标准

（1）地面干净无污迹。
（2）没有垃圾和积水。
（3）墙面干净无灰尘。
（4）桌椅干净摆整齐。
（5）门窗干净很明亮。

三、维护校园环境秩序

为维护良好的校园秩序，营造一个文明、整洁、健康、高雅的校园环境，建设平安校园、和谐校园，我们应遵循以下校园文明行为规范。

(1)着装整洁得体,仪容端庄。

(2)行为举止高雅,谈吐文明。

(3)爱护学校花草树木,节约用水。

(4)乘坐电梯遵守秩序,先下后上,相互礼让。

(5)遵守学校环境卫生的有关规定,保持学校环境卫生,不随地吐痰、不乱扔杂物。

(6)文明如厕,保持卫生间清洁,爱护其设施。

(7)上课时遵守课堂纪律,候课时不得在楼道内大声喧哗。

(8)爱护教室设施,合理使用教学设备,保持干净整洁的教学环境。

(9)汽车、电动车、自行车停车入位,有序停放。

(10)严禁在教学楼内的教室、办公室、楼道楼梯、卫生间及公共场所吸烟。

(11)观看教学展演展示、视听公共课讲座、参加会议等活动时,主动服从现场管理,遵守秩序,爱护礼堂、会议室等设施。

(12)进行教学和汇报演出活动时,要合理使用场地及设施设备,降低环境噪声,防止影响学校周围单位和居民正常工作和生活。

(13)自觉遵守学校的各项规章制度,尊师爱友、团结和睦,共同营造绿色健康的学习氛围和积极向上的工作环境。

(14)参加学校在本市组织的和赴外省市教学汇报演出、比赛或游学活动时,保障安全、遵守纪律;尊重当地风俗习惯、文化传统;爱护文物古迹、风景名胜、旅游设施。

(15)如遇突发事件,应当服从学校统一指挥,配合应急处置。

(16)遵守网络信息管理的法律法规和有关规定,维护微信群安全和秩序,自觉抵制不良信息,不传播网络谣言。

阅读故事

"砌"出青春新高度

在第四十三届世界技能大赛中,邹彬一鸣惊人,拿到了砌筑项目优胜奖,为中国捧回该项目的第一块奖牌。如今,这个"95后"小伙子已经从农民工成长为公司项目质量总监。

2011年夏天邹彬离开家乡,打算到父母务工的建筑工地打工。在家人的鼓励下,他开始学习砌墙,碰到的第一个难题就是铺浆。邹彬挑出一大团砂浆,再把砂浆铺在砖块上,还没来得及抹平,水泥砂浆就从砖面脱落,掉到地上。邹彬一下子蒙了,他又挑出一团砂浆,抹在砖块上,依旧粘不住。由于经验不足、方法不对,邹彬经历了许多次失败。但他并不气馁,虚心请教。在工友们的指导下,他仔细观察不同砖块在密度、干湿度等方面的差异,找准切砖的力度和角度,再反复练习,熟能生巧,终于让砂浆牢牢地粘在砖面上。砌筑的第一面墙很快就通过了施工方的质量检测。为砌好一面墙,邹彬常常选择推倒重来,速度比别人慢了不少。"既然选择了这份职业,就要做到最好。"这个倔强的伢子说。

2014年,邹彬凭借扎实过硬的基本功和一丝不苟的态度获得了参加第四十三届世界技能大赛的资格。世界技能大赛的砌筑项目比的是艺术墙砌筑,花纹更加复杂,墙面更为立体,砌筑难度更大。运用几何知识,力求"零误差",离不开大量的辅助工具。在教师的指导下,邹彬逐渐掌握了100多种工具的使用方法,对它们的特点和优势了如指掌。邹彬把墙面当作艺术品来创作,沉下心来精雕细琢。一项计分点多达七八十项的砌筑任务,拿到90分还不满足,硬要重新来,拿到95分才罢休。可以说,他已经具备了用砖头"绣花"的能力。

2015年8月,第四十三届世界技能大赛在巴西举行。邹彬完成的墙面上,巨大的足球活灵活现,每一根线条都清晰流畅,具有很高的观赏价值。最终,他取得了第十三名的成绩,这也是中国在世界技能大赛砌筑项目上取得的第一枚奖牌。

(资料来源:王云娜."选择这份职业,就要做到最好"(为梦想奔跑)[N/OL].(2022-03-17)[2024-05-24].http://paper.people.com.cn/rmrb/html/2022-03-17/nw.D110000renmrb_20220317_1-13.html.)

思考

你对邹彬的职业态度有什么看法?

第三课　宿舍整理劳动

宿舍是重要的生活场所,宿舍卫生环境不仅与学生的健康有着密切的关系,同时它还是反映我们行为习惯的一面镜子,是我们基本素质在生活方面集中体现的场所,更是展示校园文化的窗口。

宿舍整理是日常生活中强度不大的简单劳动,"把每一件简单的事做好就是不简单,把每一件平凡的事做好就是不平凡"。定期进行宿舍整理可以规范学生的行为,提高内务整理的技能水平,营造一个整洁、舒适、优雅的生活环境,可以培养学生讲卫生、讲文明、爱劳动的良好习惯和积极向上的劳动观念,发挥学生"自我教育,自我管理,自我服务"的潜能,提升学生的综合素质。

一、宿舍打扫与整理的要求

整洁、舒适、优雅的宿舍环境既要靠刚入住时或定期的彻底清扫与布置,也要靠日常的清洁与整理。要始终保持宿舍环境符合下列要求。

(一)地面、门窗、玻璃

地面无积水,无污渍,无果皮、瓜子壳、口香糖、烟头、纸屑等垃圾;门窗、窗帘无灰尘,玻璃要擦拭干净;垃圾及时清理。

(二)墙面与天花板

墙面上无乱涂、乱画、乱贴、乱钉、乱挂,天花板上无灰尘与蜘蛛网。

(三)床铺

(1)床上只能放置被子、枕头。其他杂物一律放到储物柜内。

(2)被子叠成方块形,统一放于床的一端;床单干净、平整;枕头放在被子上面。

(3)鞋尖统一朝向走廊整齐摆放在床下。

(4)行李箱外沿摆成一条直线放在床下。

(四)洗漱用具

牙膏、牙刷置于牙杯内,统一摆放在洗漱台上,牙膏头朝下,牙刷毛向上,与牙杯手柄倾斜向外,方向一致;洗发水、沐浴露集中摆放在洗漱台上墙角处;洗脸毛巾整齐统一挂在洗漱台墙壁挂钩上;洗脸盆叠放在水桶上,水桶统一摆放在洗漱台下,呈一条直线。

(五)衣裤、鞋袜的晾晒

洗涤后的衣裤、鞋袜用衣架晾晒在阳台晾衣竿上。

(六)生活设施

(1)桌椅、储物柜、洗衣机、空调、风扇无灰尘。

(2)垃圾铲、扫帚、拖把等整齐放于宿舍门后。

(七)安全

不得在宿舍内擅自乱拉线和乱接电线。

二、宿舍的日常清洁与整理

(1)学生根据宿舍卫生环境要求对宿舍公共区域做好清洁与整理工作的分工,排好日常值日轮流表,并由宿舍长负责每天督促执行。

(2)学生按宿舍打扫与整理要求将个人床上用品、洗漱用具、服装鞋帽及行李箱等整齐摆放在规定位置,并擦拭干净个人箱、柜等物品表面的灰尘污渍。

(3)负责地面清洁的学生根据地面杂物灰尘的情况,自行决定是先清扫还是先进行第一次擦地。如果地面杂物较多或灰尘较大,则应先采用湿式清扫,再擦;反之,可先擦,再扫除杂物。

(4)其他学生按分工擦拭干净门窗及各物品表面灰尘后将公共用品摆放整齐。

(5)负责地面清洁的学生进行最后一次地面擦拭。

(6)按分工将垃圾分类并投放到指定处。

(7)各人将所用的清洁工具清理干净,放在规定的位置。

📑 资料卡

清扫小技巧

干式扫除是指用干扫帚清扫地面或用鸡毛掸子等掸去箱柜或器物表面的灰尘。干式扫除会导致尘土飞扬,使空气中灰尘浓度增加,影响人的身体健康。空气中的灰尘与人体健康关系很大,灰尘往往是一些有毒物质和微生物的载体,传染病的病原体也大多附着于灰尘上。灰尘浓度高会导致咽炎、气管炎、哮喘、肺炎等疾病。

清扫房间应先用湿拖把擦地,或在扫地之前先洒水,或将扫帚浸湿再扫,箱柜、器物上的灰尘要用湿布擦拭。浸湿的扫帚或湿抹布,可将灰尘颗粒聚集在一起并吸附其上,这样打扫房间就不会尘土飞扬了。

三、床位整理

宿舍是我们校园生活的主要场所之一。叠被子看似简单,却有着复杂的工序。对于住校生来说,宿舍的床位整理是日常生活的一项重要内容,同时也是班级量化评比的一项重要考核内容。"细微之处见精神",良好的宿舍环境也是整个班级成绩和文明的基石。

(一)叠被子

个人床位部分最重要的就是被子和床单,而叠被子也是中职生入学军训的一项重要练习内容。叠被子不是一件小事,我们要像军人一样,将叠被子作为必要的功课。一丝不苟叠好被子是培养爱岗敬业品质、精益求精精神的途径之一,也是我们培养和树立工匠精神的有效方法。

叠军被的操作步骤如下:

(1)准备一床棉絮压得较实的被子,这种被子才能叠出好的形状。被子打开压平以后,将被子宽边的1/3沿着长边的平行线折叠。

(2)将折叠好的被子理平压实,然后将被子另一面折叠过来,把手放在被子内压实,不要让折叠处凹凸不平。

(3)估测一下被子总长度,在被子中间预留20厘米,分别从两边再向中间处取10厘米,做成两个拱形。估测位置,将一端的拱形用双手压出条印。

(4)接下来顺着条印用手捏起来,把拱形捏得更明显,之后把被子折叠过去,折叠好后进行修边,用拇指和食指捏住,另外三指压在被子上面,把直角边线修出来。

(5)折叠被子另一端,用同样的方法把内边修一下,然后把上边线修成直角。

(6)直角修好后,双手在被子中间捏出拱形,用刚才的手法,注意中间的拱形要深一些,然后双手一上一下把被子快速叠过去。通常我们将被子双层面整齐的一端靠门摆放。

(7)被子放在床中间,把边线用手指压住,沿着一端拉直,把褶皱修直,最后用手修整被子的边角,使它更像一个"豆腐块"。

以上是叠军被的详细操作过程。需要注意的是,叠军被"三分靠叠,七分靠修",所以每一步都要下功夫。刚开始可以慢一点,动作熟练了就可以很快完成。通过反复练习,相信我们都可以掌握,不妨在家里也按照上面的标准每天叠好自己的被子。

(二)整理床单与摆放枕头

宿舍最好选择统一的被罩和床单,在搭配上,建议选择线条型图案的床单,不仅感觉更加规整,整体效果也更加完美。

将叠好的被子放置在靠窗一端,被子的开口朝门;枕头平放在另一端适中位置,四角拉伸;最后将床单抚平、床单外边不能超出床外边缘;垫被、草席以不露出床单为标准,床上无杂物。

(三)整理床下物品

床位整理不仅是床上物品的摆放,还包括床位其他位置的物品摆放,床下的鞋子也要摆放整齐,鞋跟向外。

四、物品摆放

(一) 整体布局

床铺、书桌、个人物品等要统一摆放整齐,无乱拉绳索、电线,不乱晾挂衣服,没有其他破坏整体形象的物品,坚决不使用大功率电器等违禁物品。

(二) 床铺

(1)床上用品经常清洗,保持干净、卫生、整洁。

(2)被褥叠放整齐。被子叠成方块形,放于宿舍门远端;枕头平放于被子对侧床头中间;床单平整,外侧统一折放在褥子下面。

(3)床上、床头不得悬挂衣服,摆放书籍;毛绒玩具尽量收进衣柜,多余的物品统一放在被子与墙壁之间的空隙中,摆放整齐;床上不允许悬挂布帘,冬季不允许悬挂蚊帐。

(4)靠床墙面若张贴海报、照片等物品,内容应积极健康并保持整洁美观。

(三) 书桌

(1)书桌不允许放零食、杂物。

(2)书籍按照大小竖放于书架中,少量常用书籍可整齐放于书桌左上角。

(3)书桌上若需放置电脑,必须保持电脑清洁、电源线等线束整齐;"文明校园"检查前一天摘除所有网线并收拾妥当。

(4)个人化妆品、小装饰品等物品集中放入柜中,不得放在书桌上。

(5)椅子不用时推进书桌下。

(6)内容积极健康的名言警句、书法字画等一律居中贴在紧靠书桌的墙上,保持整洁美观。

(四) 衣柜

衣服要内外有别,整齐叠放在衣柜里;衣柜外不允许悬挂毛巾、衣服、背包等物品。

(五) 行李箱

个人行李箱放在衣柜里,若行李箱过大,可放在床头与靠过道墙壁的夹缝中,摆放整齐。

(六) 鞋子

每人床下只允许放一双家居拖鞋,鞋跟朝外对齐摆放,不得超过上铺扶梯底线,其余鞋子统一放于鞋柜中。

(七) 清扫工具

扫帚、簸箕、拖把等工具整齐放于宿舍门后墙角,垃圾桶须套上垃圾袋并及时清理。

(八) 个人洗漱用品

脸盆统一叠放于书桌下面,水杯、毛巾、牙缸、香皂等物品放于脸盆内,毛巾叠成方形,牙刷、牙膏头朝上放于牙缸内。

(九) 热水瓶

热水瓶统一放在暖气片下排成一条直线,把手朝外。

(十) 餐具

个人碗筷、饭盒等餐具统一放于柜中。

(十一)窗台

窗台之上只允许放花草植物。暖气片上不允许放置任何东西。

资料卡

整理收纳师

近年来,我国国民收入的提高以及网购、直播带货的成熟,带来了新的消费热潮。人们在各种"买买买"之后,迫切需要更加合理的空间规划,尤其是在快节奏的工作环境下,更加依赖于快速、便捷的整理。2022年人力资源和社会保障部公示的一批新增职业工种中就包括了整理收纳师,它属于家政服务下设的新工种。

孔某选择整理收纳师这个职业,一方面源自她对整理的热爱,她直言:"我本身就喜欢整理,物品各归其位呈现出来的秩序感会让我感到温馨。"另一方面,孔某原是一名职场妈妈,成为全职整理收纳师后,她有了更多的时间兼顾家庭和孩子。

据了解,孔某所在的团队中有不少人是兼职整理收纳师。由于需要接到单子后才能开工,在工作时间上也相对自由,因此,不少全职妈妈利用空余时间加入整理收纳的队伍。不过从收入来看,全职妈妈兼职整理收纳师也收入可观。

"一个获得高收入的整理收纳师,远不只是会进行简单的物品收纳,而是要有整体的规划思维,尤其是要有美学素养,对软装搭配、陈列、插花、服饰养护、流行时尚等都要有所了解。"在孔某看来,美学素养是一个人一辈子都需要精进的课题,并非一朝一夕就能完成。"或许人人都可以成为整理收纳师,但并不是人人都可以成为好的整理收纳师,最重要的是要不断学习和精进自己,提升专业性。"

在某种程度上,收纳已不仅是一门生活的艺术,在国家大力发展现代服务业的趋势下,整理收纳师或将成为风口职业。

(资料来源:陈晓珍.整理收纳师走俏,一线城市单次收费或超10万元[EB/OL].(2021-03-24)[2024-05-24].https://www.jiemian.com/article/5815027.html.)

案例与思考

案例一:一天,妈妈带奶奶去医院看病,安排放暑假的小王在家买菜做饭。中午,妈妈和奶奶回来的时候发现桌子上已经摆满了香喷喷的饭菜。妈妈惊讶地问小王是怎么做到的,小王得意地说:"这还不容易吗?我从网上下单,找了一个专业的厨师,来家里2小时,我付了他100元,就搞定了一桌大餐。"

案例二:某大学新生报到期间,一位新生妈妈发现宿舍灰尘很多,还有蟑螂,立即花费近500元请家政人员来清扫。这位妈妈认为,请家政人员代为清扫,一是因为家政人员专业性更强,清扫得更干净;二是现在的孩子很少做家务,不仅做不干净,而且又脏又累,让孩子去打扫卫生,于心不忍。

思考

家政服务到底值不值,我们是应该自己动手做,还是应该找专业的家政服务呢?

实践活动:寝室内务整理

活动目标

(1)养成自觉整理寝室内务的习惯。

(2)营造干净、整洁、清新、明亮、舒适、个性化的生活空间。

(3)以实际行动弘扬热爱劳动的美德。

活动准备

1.培训学习

(1)明确寝室内务整理目标。在班主任和生活教师的指导下,班、团干部对全班学生开展培训,明确寝室内务整理的任务和要求,掌握劳动技巧,感悟劳动意义。

寝室内务整理建议

① 注意安全。不能站在窗台或栏杆上,身体不能伸出窗台和栏杆外。小心坠物伤人,小心跌落。电器和插座只能用干抹布擦拭。沉重物品应两人或两人以上同时抬运。清洁地面时一定要用拖把将积水拖干。

② 清洁卫生。地面干净、干燥、无杂物。门、窗、玻璃干净无损坏,天花板、墙面无积灰和蜘蛛网。扫除用具摆放整齐、干净,垃圾分类处置。

③ 物品摆放。床铺上的床单、枕头干净、无褶皱,被子叠放整齐、规范(按学校要求);床铺上不堆放杂物,墙壁不乱挂杂物(字画除外);空床整洁,所摆物品整齐;床下箱子摆放整齐,鞋子分类摆放,头尾方向一致。

④ 洗漱用品。盆、桶、热水瓶摆放有序,桶把手和暖瓶把手统一向外摆放;牙膏、牙刷放在漱口杯内,摆成一条直线。

⑤ 倾倒废弃物品时要遵照垃圾分类的要求,分类处置。

(2)调动学生整理寝室内务的积极性。各班级可组织一次以"劳动者之歌"为主题的诗歌朗诵会。诗歌可以在网络上查找,可以是描写劳动内容的古诗"串烧",如"锄禾日当午,汗滴禾下土。谁知盘中餐,粒粒皆辛苦""田家少闲月,五月人倍忙。夜来南风起,小麦覆陇黄"。当然,也可以收集现代诗歌或自己编写诗歌,以争取每个同学都能朗诵诗歌。还可以组织开展"讲榜样人物,学劳模精神"活动,同学们自行选择榜样人物并讲述榜样人物故事,分享对劳动的认识。

2.联络沟通

班、团干部要事先主动联系生活管理教师,与生活管理教师进行详细的沟通交流,汇报本次活动的目的、意义、方法,得到生活教师的同意、支持和帮助。

3.人员分工

根据表6-3安排活动任务。

表6-3　寝室内务整理活动分组分工表

组织设置		工作内容	岗位职责
领导小组		由班长、团支书、安全委员、劳动委员和寝室长组成。推选出组长和副组长各一名。领导小组全面统筹寝室内务整理活动工作	组长：起联系、协调作用，在活动中监督检查、把控进度、落实安全保障等。 副组长：协助管理，监督各个寝室推进任务
工作小组	策划协调组	负责策划本次活动，收集学校政教处、班主任、生活教师、全班学生的意见和建议，联系和协调相关工作，设计预热活动方案，整理活动方案、宣传方案等。领导小组成员原则上要参与本小组活动	小组长：负责落实本组工作内容的执行、组员管理、组内分工、组间工作内容的协调。 组员：服从小组长管理，自觉遵守活动纪律，积极参与活动，在活动中团结协作
	创意设计组	先了解每个寝室的现状，给每个寝室拍一张现状图片；然后指导寝室长和寝室成员根据各自的寝室情况提出各寝室具体的整理、布置或美化方案	
	整理实施组	以寝室为单位划分实施小组，原则上由寝室长担任小组长。不住校的学生根据自愿原则分到相应寝室，按照学校寝室内务标准实施内务整理	
	后勤物资组	组织小组成员讨论，充分收集整理意见和建议，准备相关劳动工具，统计出需要采购的物资，经费从班费中支付，或各组员自愿出资。要注意节约、朴素，注重环保，尽量使用手工作品	
	安全保障组	负责开展活动过程中的安全检查，及时发现、提醒、告诫、制止安全问题。提前与学校医务室取得联系，遇到学生受伤等情况，应及时报告医务室处置	
	宣传编辑组	负责摄影，及时撰写宣传稿件，在班级组织活动总结时进行介绍点评，宣传表现突出的学生。宣传稿件经过教师指导修改后，报学校广播站播出	

4.安全事项

（1）组织学习学校政教处劳动教育及安全管理规定。

（2）提前向学校管理部门报备寝室内务整理活动分组分工表，进一步明确组织安排、人员分工、活动流程和安全责任。拟定安全承诺书，每个学生签字后留存备查。

（3）设计安全预案，填写寝室内务整理活动安全预案申报表（见表6-4）。

表6-4　寝室内务整理活动安全预案申报表

申报班级		部门负责人(签字)	
活动内容		活动地点	
活动时间		参与学生	

续表

带队教师	
活动安全预案	
分管部门意见	
分管副校长意见	
校长意见	

（4）进行任务交代和安全培训，班、团干部应做好会议记录，以留存备查。

5.物资准备

（1）准备整理、清洁时所需用品，如洗衣粉、肥皂、抹布、拖把、笤帚等。

（2）准备内务整理活动必需的个人防护物资，如口罩、手套、创可贴等。

（3）准备室内装饰所需材料，如彩纸、窗花纸等。

（4）准备好摄影、摄像器材。

（5）准备场地。事先联系生活教师，确定具体实施时间，提前打开寝室。

温馨提示：酒精不能和其他洗涤用品混用，一定要妥善保管。如果不小心把手弄伤，需要用酒精消毒时，必须把手上的洗涤剂用流动的清水清洗干净、擦干，再用酒精消毒。酒精和洗涤用品一定要分开存放，以免误用。

活动实施

1.拍摄寝室现状

摄影宣传组在活动实施前对每个寝室的现状进行拍摄，以便后期对照宣传。

2.打扫卫生

（1）所有寝室成员带齐内务整理用品，在规定地点集合。由班、团干部做动员讲话，强调纪律、安全等注意事项。完成动员工作后，室长带领寝室成员回到寝室，开展寝室内务整理活动。

（2）到达寝室后，首先全面检查是否存在安全隐患，如门窗是否松动、墙皮是否脱落等。如果存在问题，马上报告生活教师处置。

（3）室长组织寝室成员进行讨论，根据各寝室情况进一步细化分工安排。

（4）先处置垃圾或废品。长期未使用过的塑料袋、纸盒子、旧衣服等分类处置。

（5）按照从上到下的顺序对寝室进行打扫（先打扫天花板，再打扫墙壁，然后收拾地面），按先粗后细（先清扫，再擦拭，然后整理）、先内后外（先完成装柜、装箱整理，再整理柜子、箱子外面的物品）的原则实施整理。美化布置时会弄脏地面，所以应当最后收拾地面。先扫地，再拖地。用笤帚由里到外，不留卫生死角，将尘土和垃圾扫到室外。地面扫干净后，再用拖把拖地。拖地同样要本着由内到外的原则，边拖边退，等到地面变干以后再进寝室。

（6）打扫卫生间时，要先用水浇湿墙面和地面，喷洒专用洗涤剂，等待洗涤剂充分溶解污物后再洗刷。打扫过程中要佩戴口罩，站在防滑垫上，防止滑倒。

（7）擦拭窗户、门板、柜体、桌面、台面时，要先仔细观察，看是否有破损物体、铁钉等容易导致外伤的东西。擦拭过程中不要攀爬到不安全的地方。应合理运用各种劳动工具。擦拭电器设备和插座时,一定要关闭电源,使用干毛巾擦拭。

(8)整理生活用具和用品时,要将用具和用品规范、整齐地摆放到相应位置或柜子内。寝室里的劳动工具也要安全、有序地摆放。在整理过程中要注意及时收集垃圾,并分类处理。

3.美化寝室

(1)打扫、整理完毕后,准备美化材料,按照预先的设计对寝室进行美化。擅长绘画的同学可以负责绘画,擅长剪纸的同学可以承担剪纸工作,喜欢手工折纸的同学可以用皱纹纸。彩色卡纸折一些装饰品放在宿舍内起装饰作用。

(2)摄影宣传组要注意拍摄寝室整理前和整理后、美化前和美化后的对比视频和照片,并发送到班级QQ群。注意观察在劳动过程中表现突出的学生,并发现突出事迹。

(3)美化完毕,应将美化剩余材料整理装袋,把地板、桌面清理干净,地面从内往外拖干净。

4.洗衣叠衣

(1)将衣服的衣兜掏干净,避免有钱物被洗掉。抖掉衣服上的灰尘。

(2)将要洗涤的衣物分类。内衣为一类,白色的衣服为一类,深色的衣物为一类,袜子为一类。

(3)清洗白色的衣服时,应首先观察衣服上有无比较脏的地方,如果有,则应用肥皂先把这些地方单独清洗。其他衣服可以用洗衣液洗。彩色纯棉的衣服不建议用肥皂洗。

(4)漂洗衣服时,先漂洗白色的,再漂洗浅色的,最后漂洗深色的。注意内衣和外衣一定要分开漂洗。直到看不见水里有泡沫、水比较清澈时衣服才算漂洗完成。

(5)晾晒衣服时,要用力抖开衣服,以尽量减少衣服的褶皱,一些深色的衣服晾晒后容易掉色,晾晒时可以把衣服翻过来,以免褪色;晾晒毛衣之类比较厚重的衣服时多用几个衣架,以免衣服变形。

(6)将衣柜、箱子里的衣服全部取出来,分类折叠摆放。

(7)折叠衣服的方法如图6-6所示。

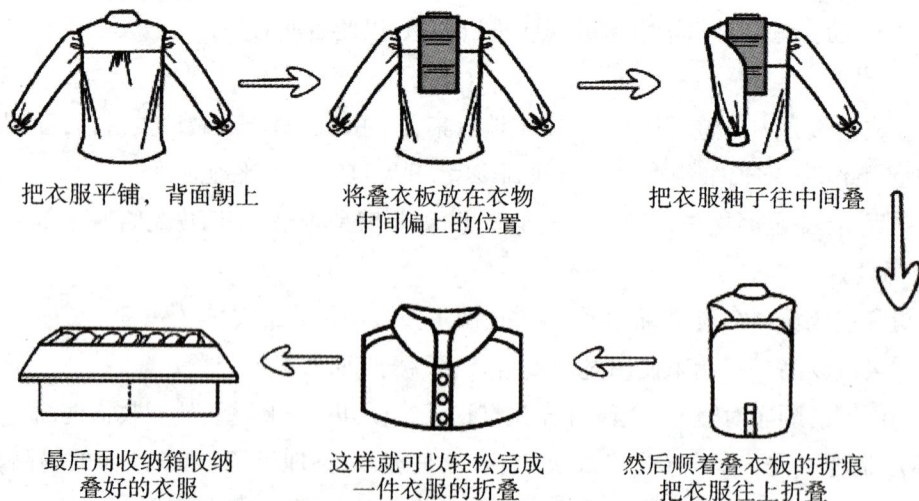

图6-6 折叠衣服的方法

(8)对洗衣、晾晒、折叠过程,以及折叠好的成品、衣物陈列在衣橱里面的最终效果,进行拍照、录制短视频,用于班会时分享交流。

活动体会

我的收获：_____

_____

_____

我的感悟：_____

_____

_____

改进措施：_____

_____

_____

活动评价

根据表 6-5 进行活动评价。

表 6-5 活动评价表

评价项目	评价主体		
	自我评价	小组评价	教师评价
劳动观念			
劳动意识			
劳动习惯			
劳动态度			
劳动情感			
劳动知识			
劳动技能			
劳动素养			

注：评价分为四个等级，A 为优秀，B 为良好，C 为合格，D 为不合格。

劳动体验：垃圾分类

活动名称	
活动时间	
活动地点	
活动目标	1.通过实践活动,体验劳动创造美,产生一定的成就感。 2.了解环境污染的危害,增强保护环境的意识,积极参与环保行动,不乱扔垃圾,尊重劳动,创建绿色校园。 3.通过实践活动,认识减少垃圾的重要性,树立节俭意识,关注自然、关注社会
活动安全	1.活动前进行广泛的安全教育。 2.了解相关的操作规程。 3.准备劳动安全防护用品
活动准备	1.召开班级动员会,讲清本次活动的意义和注意事项。 2.划分捡垃圾的区域,把校园分为教室、走廊、寝室、食堂餐厅、运动场、花园、校园道路等区域。 3.分组布置任务,按照划分的区域分为相应的小组,并指定组长,各小组成员在组长的带领下完成任务。 4.分组讨论垃圾分类存放的方法。 5.做好劳动工具的准备,如垃圾袋、钩子、夹子、铲子等
活动过程	1.在教师的指导下,各组统一开始行动。 2.把捡到的垃圾,按照垃圾分类方法正确地放入相应的垃圾箱。 3.帮助、教育乱丢乱扔垃圾的学生。 4.活动结束后认真洗手
活动分享	小组讨论交流垃圾分类的心得
活动评价	自我评价： 优秀□ 良好□ 合格□ 不合格□ 组长评价： 优秀□ 良好□ 合格□ 不合格□ 活动方评价： 优秀□ 良好□ 合格□ 不合格□

拓展活动：用专业技能做公益活动

　　在专业课的学习中,每位同学都学会了一些专业技能。在本次拓展活动中,同学们可以利用自己的专业技能到社区服务居民。如电子专业学生可为居民开展修理小家电服务,幼教专业可为社区新手妈妈普及幼儿护理知识,计算机专业学生可入户为居民修理电脑等,将专业技能与公益活动相结合,充分发挥劳动价值,展现自身劳动风采。

　　请结合本单元的学习内容,用自身学到的专业技能进行公益活动,在实践劳动中体会到利用自身技能帮助别人的快乐,增强自身的职业认同感,增进对劳动的热爱之情。

第七单元

社会服务劳动

　　坚持党管人才原则，坚持尊重劳动、尊重知识、尊重人才、尊重创造，实施更加积极、更加开放、更加有效的人才政策，引导广大人才爱党报国、敬业奉献、服务人民。

——党的二十大报告

学习目标

- 正确认识勤工助学，体会勤工助学在成长中的意义。
- 了解志愿服务的内涵，积极投身志愿服务。
- 熟悉实习实训的相关常识和实用技能。
- 积极投身社会服务，为国家发展做出一定的贡献。

劳动榜样

入围"感动中国"的保洁员大叔

赵永久戴着一顶已经褪色的皮帽子,一身蓝色的工作服已经被洗得发白,额头上布满了皱纹。谁也不会想到,这个衣着破烂、油渍斑斑的保洁员过去30多年来一直是一名"活雷锋"。月收入只有2000多元的他,每月都要拿出工资的1/3用于捐资助学,30多年来他一共拿出将近20万元,先后资助37名贫困学子,其中有不少人已经大学毕业。为了帮助贫困学生,他甚至卖掉了家中唯一的住房,至今一家人还租住在沈阳市大东区的一个单间里。

这位卖房资助贫困学生的保洁员大叔入选了2018年"感动中国"候选人物。摆放在家中的20张荣誉证书、50多张收据、20万元的捐款记录,记录了一名保洁员的不平凡人生。

冬日的沈阳,最低气温达到-20℃,但赵永久依然每天清晨4点多就起床了。在沈阳最繁华的商业街中,赵永久像往常一样,推着破旧的三轮车,用双手将垃圾装上三轮车。每天早上7点前,他都要将这里打扫干净。

赵永久手里这一叠厚厚的捐款收据都是他的"宝贝"。捐款金额从几十元到数百元不等,钱虽不多,但都是他平日省吃俭用攒下的。每当遇到困难时,他就会把这些收据拿出来仔细看看。"这一张是资助一个失去了母亲的孩子,他现在已经上大学了;这一张资助的孩子母亲得了重病,她学习成绩很好,经常考前三名。"说起每张捐款收据背后的故事,赵永久都如数家珍。

33年下来,赵永久一共资助了37名贫困孩子上学,累计捐助金额将近20万元。这些学生中很多人已经大学毕业,走上工作岗位。

但提到自己的女儿,赵永久有说不出的愧疚。"我实在是对不起她们,让老婆孩子和我一起受苦了。"赵永久说,因为自己每天要工作十多个小时,他陪伴孩子的时间屈指可数,一年下来估计还不到一个月。

"我们做保洁员这个工作是没有固定上下班时间的,每天在人们上班之前就要把大街打扫干净,即便是周末也不能闲着。"赵永久说,好不容易有一天休息时间,也会被他拿来和志愿者一起下乡做公益活动。

虽然对自家人非常"抠门",但对于那些家庭贫困的孩子,赵永久却非常大方。他经常邀请那些贫困家庭的孩子到他家吃饭,每次,他都会招呼妻子多买一些菜,让孩子们饱餐一顿。

赵永久周围的很多同事都不理解他的做法,不知道他为何要几十年如一日坚持资助贫困学生。但赵永久有自己的"快乐源泉",他说,只要孩子们能上学,看到孩子们有出息,他就感到自己的付出值了。

"我就是因为没文化吃了亏,不能让孩子们再因为没文化而吃亏,所以,就是再难我也要把他们资助到大学毕业。我捐的钱少,可能一辈子也没有别人一次捐的多,但我希望能带动更多人,去帮助有困难的孩子。"

他向记者讲述了自己的一次经历。大概是1987年的一个冬天,他跟几个同事报名参加了一个公益活动,活动中得知一名学生家里突然失火,他当即来到了着火点。此时,大火已将一家人的房子烧毁,凛冽的寒风中,一位80多岁的老人躲在墙角抹眼泪,赵永久见状连忙将身上的羽绒服脱下来为他穿上,并把身上剩下的200元都给了可怜的祖孙二人。

尽管帮助过37位孩子,但赵永久从来没主动联系过他们,他每次捐款之前还特别交代"不要说这钱是谁捐的""他们好就行,我不需要他们记住我"。

赵永久说,他并不认为自己是在做慈善,只是做了力所能及的事。"只要我身体还好,有工资,我就会一直捐下去。"

（资料来源:肖欢欢.保洁员大叔入围"感动中国",33年资助37名贫困学生[EB/OL].(2019-01-30)[2024-05-24].https://www.sohu.com/a/292456100_120025403.）

第一课　勤　工　助　学

一、勤工助学的含义

勤工助学(或勤工俭学)是指学生在学校的组织下利用课余时间,通过劳动取得合法报酬,用于改善学习和生活条件的实践活动。勤工助学是学校学生资助工作的重要组成部分,也是提高学生综合素质和资助家庭经济困难学生的有效途径。

二、勤工助学的岗位

从岗位来源来看,勤工助学的岗位分为校内岗和校外岗。校外岗也纳入学校管理。从勤工助学的时间来看,勤工助学的岗位分为固定岗位和临时岗位。固定岗位是指持续一个学期以上的长期性岗位和寒暑假期间的连续性岗位。临时岗位是指通过一次或几次勤工助学活动即完成任务的工作岗位。

从勤工助学的岗位工作内容来看,勤工助学的岗位主要有以下八种。

(1)教学辅助工作,如校教务信息员、学院教务助理等。

(2)科研辅助工作,如兼职实验员,参与教师科研工作,承接校内外研究项目等。

(3)院内管理工作,如党总支工作助理、学生工作助理、共青团工作助理、图书馆管理员、校园治安员等。

(4)校内生活服务、环境美化和卫生保洁工作,如帮厨、膳食助理及各类卫生保洁工作。

(5)临时搬运和卫生、绿化工作。

(6)家庭辅导教师。

(7)校外科技实践活动。

(8)其他适宜学生从事的工作。

三、勤工助学应注意的问题

(1)勤工助学必须是学生在学有余力的前提下,自愿向学校提出勤工助学的申请,接受必要的安全教育和勤工助学岗前培训后,再由学校统一安排到校内或校外的岗位上进行勤工助学活动。同等条件下,学校采取优先安排家庭经济困难学生上岗的政策。

(2)学生参加勤工助学不应当影响学业,原则上每周不超过8小时,每月不超过40小时。

(3)学生在参加校外勤工助学活动前,应当与有关单位签订具有法律效力的协议,保护自身的合法权益。

(4)学生在进行校内勤工助学前,应当与学校的学生勤工助学管理服务组织签订具有法律效力的协议书。

(5)学生从事勤工助学活动必须做到诚实守信,认真负责,遵守社会公德、树立服务观念,遵守学校勤工助学管理规定及与协议相关的各项要求,保质保量完成工作任务,努力维护学校和集体的荣誉。

四、勤工助学在学生成长中的意义

勤工助学已日益受到学校、社会各界的普遍重视。勤工助学的助困功能和育人意义也被人们广泛接受。社会也积极地为学生参与勤工助学活动提供机会、创造机会,因为勤工助学点亮了贫困学子成长成才的希望,使他们以自强不息的实际行动克服困难,发奋成才。

(一)有助于形成良好的思想品格

部分学生习惯了父母长辈的呵护,习惯了依赖、被安排,面对困难不知所措,缺乏艰苦奋斗、勇往直前的拼搏精神。参加勤工助学能够让这部分学生感受到生活的艰辛,体会到自立自强的真正内涵,帮助他们树立自信心,培养服务精神和责任意识。在勤工助学的工作中面对激烈的竞争,有助于培养他们的危机意识,提高他们的心理承受能力。

(二)有助于顺利完成学业

进行勤工助学的主要目的是缓解自身的经济困难,其次是锻炼自我。据调查,目前许多勤工助学的学生的家庭经济相对贫困,他们利用勤工助学的机会获得相应的劳动报酬,使基本的生活有了保障。在勤工助学的过程中,学生能够懂得感恩社会,了解社会的需求,正确地剖析自我,调整发展方向。

(三)有助于创造就业机会

很多学生缺乏动手能力,学生普遍认为只要把该学的功课学好就够了,至于工作实践是毕业以后的事情。但是从近几年的就业现状来看,用人单位普遍青睐有工作经验的毕业生。这不仅仅是因为在他们的简历中多了一行简单的工作经历,更重要的是他们在这些工作中积累了丰富的经验。勤工助学能够让学生在工作的过程中得到锻炼,提高沟通能力,学会与人交往,提前感受角色转变。

(四)有助于丰富社会阅历

勤工助学是一项社会性的实践活动,学生通过勤工助学这一平台走出教室,能够积极地履行社会义务,承担社会责任,以社会人的姿态实现自身价值;能够丰富社会阅历,调节对社会茫然的心理,有助于正确认识社会,以更加自信的心理状态走向社会;能够在不同的岗位职责要求下认识到社会职业道德和岗位责任感,树立正确的世界观、人生观、价值观,实现社会价值,树立自信心,激发自我创造价值的激情。

📜 资料卡

我国法律法规对未成年人的保护

一、《禁止使用童工规定》

为保护未成年人的身心健康,中华人民共和国国务院令第 364 号公布了《禁止使用童工规定》,禁止用人单位招用不满 16 周岁的未成年人。

第二条　国家机关、社会团体、企业事业单位、民办非企业单位或者个体工商户(以下统称用人单位)均不得招用不满 16 周岁的未成年人(招用不满 16 周岁的未成年人,以下统称使用童工)。禁止任何单位或个人为不满 16 周岁的未成年人介绍就业。禁止不满 16 周岁的未成年人开业从事个体经营活动。

第三条　不满 16 周岁的未成年人的父母或者其他监护人应当保护其身心健康,保障其接受义务教育的权利,不得允许其被用人单位非法招用。不满 16 周岁的未成年人的父母或者其他监护人允许其被用人单位非法招用的,所在地的乡(镇)人民政府、城市街道办事处以及村民委员会、居民委员会应当给予批评教育。

第十三条　学校、其他教育机构以及职业培训机构按照国家有关规定组织不满16周岁的未成年人进行不影响其人身安全和身心健康的教育实践劳动、职业技能培训劳动,不属于使用童工。

二、《未成年工特殊保护规定》

第一条　为维护未成年工的合法权益,保护其在生产劳动中的健康,根据《中华人民共和国劳动法》的有关规定,制定本规定。

第二条　未成年工是指年满十六周岁,未满十八周岁的劳动者。未成年工的特殊保护是针对未成年工处于生长发育期的特点,以及接受义务教育的需要,采取的特殊劳动保护措施。

第三条　用人单位不得安排未成年工从事以下范围的劳动:

(1)《生产性粉尘作业危害程度分级》国家标准中第一级以上的接尘作业;

(2)《有毒作业分级》国家标准中第一级以上的有毒作业;

(3)《高处作业分级》国家标准中第二级以上的高处作业;

(4)《冷水作业分级》国家标准中第二级以上的冷水作业;

(5)《高温作业分级》国家标准中第三级以上的高温作业;

(6)《低温作业分级》国家标准中第三级以上的低温作业;

(7)《体力劳动强度分级》国家标准中第四级体力劳动强度的作业;

(8)矿山井下及矿山地面采石作业;

(9)森林业中的伐木、流放及守林作业;

(10)工作场所接触放射性物质的作业;

(11)有易燃易爆、化学性烧伤和热烧伤等危险性大的作业;

(12)地质勘探和资源勘探的野外作业;

(13)潜水、涵洞、涵道作业和海拔三千米以上的高原作业(不包括世居高原者);

(14)连续负重每小时在六次以上并每次超过二十公斤,间断负重每次超过二十五公斤的作业;

(15)使用凿岩机、捣固机、气镐、气铲、铆钉机、电锤的作业;

(16)工作中需要长时间保持低头、弯腰、上举、下蹲等强迫体位和动作频率每分钟大于五十次的流水线作业;

(17)锅炉司炉。

第二课　志愿服务

一、了解志愿服务

(一)志愿服务的含义

志愿服务是指为了改善社会、促进社会进步、推动社会福利事业,利用自己的时间、技能、资源、爱心,为社会提供无偿的、非职业化援助的行为。

(二)志愿精神

联合国前秘书长科菲·安南指出,志愿精神的核心是服务、团结的理想和共同使这个世界变得更加美好的信念。奉献精神是志愿服务精神的精髓,是人文精神的最高级表现形式。我国将志愿精神概括为"奉献、友爱、互助、进步",并冠以"学雷锋志愿服务"主题,赋予了"社会动员、社会保障、社会整合、社会教化、促进社会和谐、促进社会进步"的功能,同时规定开展志愿服务应当遵循自愿、无偿、平等、诚信、合法的原则,不得违背社会公德、损害社会公共利益和他人合法权益,不得危害国家安全。

(三)我国志愿服务的范围

扶贫开发、社区建设、环境保护、大型赛会、应急救助、海外服务等。

(四)志愿工作的特征

(1)自愿性:志愿者的志愿服务行为出于自身主观意愿,没有强制性。

(2)无偿性:志愿者在志愿服务中付出时间、劳动、智力等,不以获取报酬为目的。

(3)公益性:志愿者在志愿服务中,不是追求物质报酬,而是追求公共效益。

(4)组织性:志愿者的志愿服务行为由专人负责,分工明确,以此提高服务效率,提升服务贡献力。

中国志愿服务标识如图 7-1 所示。

图 7-1 中国志愿服务标识

二、志愿服务组织

志愿服务组织是以开展志愿服务为宗旨的非营利性社会组织,是汇聚社会资源、传递社会关爱、弘扬社会正气的重要载体,是志愿服务主要的提供主体,是志愿服务的中坚力量,是形成向上向善、诚信互助社会风尚的重要力量。个人的力量相对较弱,加入团体组织、整合资源、服务社会公益事业、与志同道合的人士共同成就爱心项目是许多志愿者的心愿,志愿服务组织也因此应运而生。

根据民政部有关数据,截至 2022 年 11 月底,全国志愿者队伍超过 129 万支,注册志愿者约为 2.2 亿人,占全国总人口的 15.9%。志愿服务组织在推进精神文明建设、推动社会治理创新、解决群众实际困难、维护社会和谐稳定等方面发挥了重要作用。

资料卡

常用志愿服务活动网站

1.中国社会组织政务服务平台

通过访问中国社会组织政务服务平台查询当地合法合规的社会组织,寻求合作,进行志愿服务活动。

2.中国青年志愿者网

中国青年志愿者网是共青团中央志愿者工作部、中国青年志愿者协会秘书处和中国青年报社合作建设的志愿者公益网站。

3.中国志愿服务网

志愿者可在中国志愿服务网进行实名注册,查询参加志愿团体、项目等,志愿团体可以在该网站注册、审核招募志愿者并管理项目。

三、社区服务

(一)社区服务的含义

社区服务就是社区为满足社区成员物质生活与精神生活需要而进行的社会性福利服务活动。广义的社区服务是指政府、社区居委会以及数字社区等其他各方面力量直接为社区成员提供的公共服务和其他物质、文化、生活等方面的服务。社区服务同时也是志愿服务的重要领域。

(二)社区服务的特征

志愿服务可以深入社区,但专门的社区服务与志愿服务有所区别,其有标志性的内在特征。

(1)社区服务除了一些社会自发性和志愿性的服务活动,还包括有指导、有组织、有系统的服务体系。

(2)社区服务不是一般的社会服务产业,它与经营性的社会服务业是有区别的。

(3)社区服务不是仅由少数人参与的为其他人提供服务的社会活动,它是以社区全体居民的参与为基础、自助与互助相结合的社会公益活动。

四、青年志愿者

(一)志愿者的含义

志愿者是不以物质回报为前提,自愿服务社会公益事业,奉献时间、金钱、物质,为有一定需要的弱势群体或公益项目,做力所能及的具有一定专业性、长期性服务活动的人。

(二)青年志愿者行动发展历程

1993年年底,共青团中央决定实施中国青年志愿者行动。随后逐步在农村扶贫开发、城市社区建设、环境保护、大型活动、抢险救灾、社会公益等领域形成了一批重点服务项目,中国志愿服务进入了有组织、有秩序的阶段。2006年11月,共青团中央印发了《中国注册志愿者管理办法》,对注册志愿者的管理作出明确规定。2013年,共青团中央对其进行了修订。新修订的《中国注册志愿者管理办法》对于进一步规范注册志愿者管理工作,大力弘扬"奉献、友爱、互助、进步"的志愿精神,推动志愿服务项目化运作、社会化动员、制度化发展,深化青年志愿者行动具有重要意义。2015年发布的《志愿服务信息系统基本规范》(MZ/T 061—2015)为志愿服务信息化作出了积极努力。为统筹推进《志愿服务信息系统基本规范》的落实,国家建立了中央文明办统筹指导、民政部具体推进、共青团中央和其他相关部门全力配合的工作机制,同时要求各地尽快建立健全志愿服务联合工作机制。2016年5月20日,中央全面深化改革领导小组第二十四次会议通过了《关于支持和发展志愿服务组织的意见》,该意见指明了我国志愿服务组织的发展方向,为充分发挥志愿服务组织的桥梁纽带作用和资源汇集作用、志愿服务健康持续深入发展奠定了政策基础。

(三)中国青年志愿者服务日

自1963年3月5日毛泽东等老一辈党和国家领导人号召"向雷锋同志学习"以来,3月5日成为社会各界特别是广大青年传统的学雷锋活动日。每年的3月5日,全国各地都会开展各项"学雷锋、树新风"活动。2000年,共青团中央、中国青年志愿者协会共同决定把每年的3月5日作为"中国青年志愿者服务日",组织青年集中开展内容丰富、形式多样的志愿服务活动。

(四)青年志愿者行动的意义

(1)青年志愿者通过参与志愿服务工作,有机会为社会贡献自身的才学、能力,并在不同的岗位上发挥自身的作用和优势,立足社会需求,在党政关注、群众急需、青年热心的好事和急事上有所作为。

(2)青年志愿者通过实际行动,在社会上倡导团结友爱、助人为乐、见义勇为、无私奉献的新风和正气,弘扬爱国主义、集体主义和社会主义精神,促进社会风气的进一步好转。

（3）青年志愿者通过服务社会、帮助他人的行动过程，树立适应社会主义市场经济发展要求的社会公德意识和责任、义务观念，提高自己的思想道德修养和科学文化素质。

（4）青年志愿者利用空余时间，参与不同形式、有意义的志愿服务工作和活动，能接触更多的新事物、新观念，同时还可以通过服务活动，亲身体验和接触社会不同层次和领域的人和事，加深对社会的认识。

资料卡

中国青年志愿者标志

2020 年 4 月，为进一步规范"心手标"（见图 7-2）的使用，共青团中央、中国青年志愿者协会发布《中国青年志愿者标志（"心手标"）应用场景规范示例 2020 版》，为"心手标"在志愿者服装、装备、工作站、室外展示等主要应用场景的呈现提供便捷使用的规范示例。

图 7-2　中国青年志愿者标志

中国青年志愿者标志通称"心手标"，其整体构图为心的造型，同时是"青年"英文第一个字母 Y；图案中央既是手的造型，也是鸽子的造型，寓意青年志愿者向需要帮助的人们奉献一份爱心，伸出友爱之手，立足新时代、展现新作为，弘扬奉献、友爱、互助、进步的志愿精神，以实际行动书写新时代的雷锋故事。

五、注册志愿者的基本条件

志愿者可以将自己的身份信息、服务技能、服务时间、联系方式等个人基本信息，通过国务院民政部门指定的志愿服务信息系统自行注册，也可以通过志愿服务组织进行注册。

（1）年满 18 周岁或 16~18 周岁以自己的劳动收入为主要生活来源者；14~18 周岁者，须经其法定代理人同意；未满 18 周岁的在校学生申请注册的，按所在学校有关规定办理。

（2）具备参加志愿服务相应的基本能力和身体素质。

（3）遵守国家法律法规和注册机构的相关规定。

六、注册志愿者的义务

（1）遵守国家法律法规及团组织、志愿者组织的相关规定。

（2）每名注册志愿者根据个人意愿至少选择参加一个志愿服务项目或活动，每年参加志愿服务时间累计不少于 20 小时。

（3）履行志愿服务承诺，完成志愿服务任务，传播志愿服务理念。

（4）自觉维护团组织、志愿者组织和志愿者的形象。

（5）在志愿者职责范围内自觉维护服务对象的合法权益。

（6）自觉抵制任何以志愿者身份从事的营利活动或其他违背社会公德的活动（行为）。

（7）依法应当承担的其他义务。

七、志愿服务的领域

目前志愿服务的主要领域包括扶贫济困、助学支教、助老助残、社区服务、生态建设、大型活动、抢险救灾、社会管理、文化建设、公益宣传、西部开发、海外服务等。助学类志愿服务的一般工作主要为参与收集调查贫困学生资料、整理贫困学生资料、宣传助学活动、募集助学款、助学后续工作跟进等；助残类志愿服务主要包括宣传全社会公众平等对待残疾人、协助残疾人学习基本生活技能、促进减少社会公众与残疾人的交流障碍等;环保类志愿服务包括环境保护宣传工作及一些身体力行的环境保护活动开展等;社会公益类志愿服务一般包括献血、遗体捐赠、戒毒等宣传。

八、中职生可以参与的志愿服务活动

中职生要参与志愿服务活动、寻找志愿服务组织,可以通过学校团委加入志愿服务队奉献青春力量。中职生可以参加的志愿服务活动主要包括以下几项。

(1)公共环境卫生与环境保护服务。

(2)各类宣传服务。

(3)公益植树活动。

(4)节日志愿服务。

(5)文明交通执勤。

(6)大型赛会服务。

(7)技能兴趣社团服务。

(8)社区服务。

(9)福利院服务。

(10)社会应急服务。

📖 资料卡

中国共产主义青年团

中国共产主义青年团是中国共产党领导的先进青年的群团组织,受中国共产党中央委员会管辖,同时,受中国共产党的委托领导中国少年先锋队的工作,指导中华全国学生联合会开展工作。

中国共产主义青年团团旗旗面为红色,象征革命胜利;左上角缀黄色五角星,周围环绕黄色圈圈,象征中国青年一代紧密团结在中国共产党周围。团旗为长方形,其长与宽之比为 3:2。团员的年龄为 14 周岁至 28 周岁。

中国共产主义青年团为党培养、输送了大批新生力量和工作骨干。中国共青团加强思想政治工作,把思想政治工作贯穿所开展的全部工作;带领青年在经济社会发展中发挥主力军和突击队作用;贯彻党管青年原则,充分发挥党联系青年的桥梁和纽带作用,为党做好青年群众工作;高举爱国主义旗帜,坚决维护和发展全国各族青年之间的平等、团结、互助、和谐关系;为把中国建设成为富强、民主、文明、和谐、美丽的社会主义现代化强国、为最终实现共产主义而奋斗。

📓 案例与思考

小丽:志愿活动实在是一件有魅力的事情。我一开始只是想去赚学分,可能是因为我极幸运地一直拥有爷爷奶奶外公外婆的陪伴,对老人家有一种天然的亲近感,与杨奶奶聊天时,尽管连理解她的方言都颇为困难,却能感到一种踏实与快乐。

小朱:有一天,我突然发现认识很久的朋友一直在默默宣传反诈知识,并为有需要的人提供法律方面的帮助。他是一个默默无闻的志愿者,当他听到我问他为什么要做这些事时,他说:"我觉得有意义,这的确能帮助别人。"

思考

如果你也去做志愿者,你会在哪些方面帮助别人?

_____

_____

_____

第三课　实习模拟

一、实习实训指南

实习就是在实践中学习,在经过一段时间的学习之后,或者说当学习告一段落的时候,我们需要了解所学知识应当如何应用在实践中。实习是学习与就业之间的一个重要环节,好的实习经历能为在校的学习交出一份满意的答卷,同时也可为将来的就业打好"预备战"。

(一)获取实习信息

(1)学校公示栏。学校附近的企业或者公司通常会把招聘信息以纸质文稿的形式张贴在学校公示栏。在学校附近找实习单位的学生可在学校公示栏中获取实习信息,筛选出合适的实习单位。

(2)各地方劳动局。各地的劳动局每年都会有相应的政策支持学生在假期实习。劳动局提供的用人单位不仅类别丰富,而且十分正规。

(3)各大企业官网。一般来说,各大企业会在寒暑假期间在其官网上发布实习招聘公告。有意向的学生可以多留意各大企业的官网,寻找适合自己假期实习的机会。

(二)结合自身专业或兴趣选择实习岗位

在选择实习岗位时应尽量选择与自己专业相匹配或者自己感兴趣的岗位,这样不仅可以学以致用,还可以挖掘自身蕴藏的潜力,为将来就业做好铺垫。

在具体做选择时,我们要摆正心态,客观分析自己的专业知识、沟通技能、思维能力,以及自身性格、兴趣等,分析实习机会是否能够提高自身能力和素质,进而选择适合自己的实习岗位。

(三)在实习中探索个人职业定位

实习是探索个人职业定位的好机会。在实习过程中,除了认真完成分配的任务外,还要主动总结对应岗位的核心能力要求、特性等,观察对应职位的上升空间,以及所处行业的发展前景,并以此为参照分析自己是否适合该岗位或行业,判断是否需要调整自己的职业定位。

(四)在实习中提高自身综合能力

进入企业实习后,要尽快完成从学生到工作者的身份转变,不断提高自己的综合能力。

首先,我们要清楚工作都是结果导向的。客户需要的是成果,工作评估的也是成果,无论过程中做了多少,只要没有达成目标、交付成果都不算完成工作。如果没有产出成果,必须主动协调资源,推动问题解决。

其次,我们要分清事情的轻重缓急,对时间进行合理安排。不清楚手里的工作孰轻孰重时,要及时向上级领导反映或请示。

再次,对待工作,切勿眼高手低,我们要以积极主动的态度认真对待接到的每一个任务,在规定的时间内保质保量完成工作。

最后,要注意有效沟通、与同事和谐相处等问题。

二、实习注意事项

(一)实习初期

(1)熟悉环境,不做局外人。实习开始后,要尽快熟悉环境,除了自己部门的业务内容,还要大致了解其他部门情况,学习使用打印机、扫描仪等办公设备。

(2)搞清业务关键词。对领导、同事提及的专业名词,做到心中不留疑,第一时间请教他人或查阅相关资料,明白其所指。

(3)多听、多想、多自学。要凡事多留心,多问为什么,同时还要学会自学,特别是通过看报告、旁听会议等渠道尽快了解工作内容及业务流程。

(二)实习中期

(1)以正式员工的标准要求自己。要把自己当成一个有工作责任感的职场人,积极尝试承担新工作。

(2)做事靠谱、有章法。要搞清工作任务,及时汇报工作进度,遇问题先想解决办法再寻求帮助,按时保质保量完成工作。

(3)多总结,多反思。要学会回顾工作、总结经验、思考不足,认真思考工作的重点环节是什么、如何避免出错、如何改进、如何更好地应对突发状况等。

(三)实习结束

(1)请实习单位提供一份鉴定表,并签字盖章。实习鉴定应写明实习岗位、岗位描述、实习过程中完成的工作或项目、工作评价等。

(2)总结实习,并更新自己的简历。总结实习中的问题和收获,反思自己在哪些方面仍需要提升,及时更新简历,为毕业求职做好准备。

(3)保持联络,获取有效信息。如果毕业后有意到实习单位求职,可根据自身情况申请适当延长实习时间。离开实习单位后,要继续保持与单位的联络,及时了解业务发展,第一时间获得招聘信息。

三、注意实习安全

(一)确保实习期间的安全

(1)严格遵守各项规定,服从命令,听从指挥,注意安全;在前往实习地点或返校期间,必须听从指挥和统一调度。

(2)严格遵守实习单位的安全规定、操作规程和劳动纪律,并接受实习单位的指导;实习中如有劳动或操作作业,应进行必要的安全技术考核;未经允许不得擅自调换工种或设备,不得私自动用其他设备、仪器和车辆。

(3)实习前,应认真阅读有关工种的实习规则,并自学和实习教材有关内容,实习结束要认真填写实习报告。

(4)实习必须穿工作服;夏天严禁穿拖鞋、凉鞋、短裤和背心,冬天严禁戴围巾;女同学要戴工作帽,将头发放入帽内,不得穿裙子、高跟鞋。

(5)实习时要精神集中,安全操作。在实习过程中,要专心听讲,认真操作,不得进行与实习无关的活动;工作期间不得打电话、发短信、玩游戏等。

（6）严格遵守各工种安全操作规程，未经实习指导人员允许，不得擅自开动设备；设备出现故障或发生事故时，要立即停止使用该设备，并迅速报告实习指导人员。

（7）严禁在实习场地嬉笑打闹、串岗闲逛；不许将游戏机等物品和食物带入实习场地。

（8）严禁攀爬吊车、墙梯等设备；严禁在吊车、吊物运行路线上行走和停留。

（9）实习期间，住宿及外出要服从统一管理，单独活动前要向指导教师请假；不要与社会上不明身份的人员交往；不要到野外的河、湖游泳。

（10）在实习单位午休的同学，必须按单位规定，午休时间不得擅自离开单位。

（11）经常与学校和家长保持联系；在实习期间因各种原因变更实习单位的同学，要尽快联系其他实习单位并及时与指导教师取得联系，按时、认真地完成自己的实习阶段总结。

（12）出现意外情况时，应及时与实习单位和学校联系。

（二）安全教育的意义

实习安全教育是培养学生安全意识、防范事故发生的重要手段，具有重大意义。首先，实习安全教育关乎学生的生命安全和身心健康。在实习过程中，学生可能会接触到各种危险因素，如机械设备、化学品等，如果没有足够的安全意识和防范措施，很容易发生意外事故，甚至危及生命。通过实习安全教育，学生能够了解和掌握实习过程中可能面临的安全风险，提高安全防范能力，避免意外事故的发生。其次，实习安全教育能够培养学生遵守纪律、尊重他人、保护公共财产的良好习惯。在实习过程中，学生需要遵守企业的规章制度，尊重他人的工作和生活，保护公共财产。通过实习安全教育，学生能够意识到这些要求的重要性，养成良好的习惯，有利于学生更好地适应社会和企业需求。最后，实习安全教育对于学生将来的就业和事业发展具有重要意义。在现代社会，企业对于员工的安全意识和安全防范能力要求越来越高，具备良好安全素质的学生更容易获得企业的青睐，有利于学生的就业和事业发展。因此，实习安全教育对于保障学生安全、促进学生的全面发展具有重要意义。

（三）职业病的预防及应对

职业性劳损是指劳动者因工作需要经常进行重复而用力不当的肌腱活动，或因工作时姿势不正确，而造成的肌肉骨骼运动系统损伤。劳损可能是因一次意外引起肌腱发炎，但大多数是日积月累的磨损造成的。例如，经常操作计算机的人容易造成"键盘肘""鼠标手"，搬运重物时用力不当容易导致腰肌劳损，长期伏案工作的人容易患颈椎病。职业性劳损不像职业病那样严重危害人身安全，但也会使人产生经常性的局部疼痛，影响生活质量，所以一定要在工作中注意身体姿势，控制工作强度，及时休息，避免形成职业性劳损。

（1）伏案工作者，应注意调整操作台的高度，使操作台略低于肘部，以避免前臂过度伸展、手腕弯曲及扭转等动作。连续工作时间不宜过长，连续工作一小时后宜做一些手臂伸展、握拳等放松练习。

（2）经常使用电脑的工作者要注意视线与电脑屏幕齐平，不要长时间低头工作。眼睛不要长时间盯着屏幕，可增加眨眼的次数，缓解眼睛干涩，经常做眼保健操，缓解眼部周围肌肉的紧张。

（3）需要长时间站立的工作者，尽量选择底厚且有弹性的工作鞋，保护足部，可穿戴防静脉曲张的弹力袜。连续工作一小时后可做抬高腿部的动作，帮助静脉血回流。

（4）经常搬重物的工作者，宜采用正确的发力方法，背部收紧，使用大腿肌肉发力，减少腰部的损伤。

（5）因劳损引起局部疼痛，要遵医嘱，不要盲目用止痛药。

📖 案例与思考

在一次实习中，小王和小李共同负责汽车的拆装工作。在合力抬起一扇车门的时候，由于两人配合不好，车门掉在了地上。指导老师前来询问情况。小王说："是小李动作太慢了，我已经走了，他却刚抓稳。"小李反驳说："是你没有告诉我你要往前走，导致车门摔在地上的。"指导老师当场并没有说什么，而是在课后把小王和小李叫到了办公室进行了批评与教育。

? 思考

　　你认为车门掉在地上是小王的错误还是小李的错误？如果是你，你会怎样向指导老师解释这件事情？从这次失误中，你学到了什么？

_____

_____

_____

实践活动：社区劳动实践

活动目标

（1）践行"奉献、友爱、互助、进步"的志愿服务精神。
（2）领悟劳动中传递爱心、传递文明的价值。
（3）维护整洁的社区环境。

活动准备

1.培训学习

在教师的指导下，班、团干部组织全班学生开展社区劳动实践培训，提高志愿服务意识，明确劳动任务。

"红袖标"志愿者活动示例

"红袖标"队伍是指出于奉献、友爱、互助和社会责任，经过登记、审核，自愿、无偿地以自己的时间、技能等社会资源开展社会治安防范的人员，是一支覆盖各行各业、自愿参与社会群防群治的治安志愿者队伍。

"红袖标"队伍不仅仅指警察，还包括环卫工人、居民小区楼长、退休人员、在职人员、在校大学生等，这些人经常在本地居住，对当地情况十分了解，往往能及时发现案件线索，协助公安机关维护社会治安、抓获违法犯罪嫌疑人。

"红袖标"队伍由各辖区派出所统一运作管理和协调指挥，由派出所社区民警负责与"红袖标"队伍进行沟通，对其进行培训，并进行业务指导、工作监督，做到"红袖标"治安力量活动有组织、有规章。同时，派出所制定了"红袖标"队伍奖励制度，实施一案一奖、一事一奖，激励队伍始终积极投入平安社区的群防群治。

尝试利用周末或假期时间到学校周围的社区、村或街道参加"红袖标"志愿者活动，向居民宣传如何防止网络诈骗和电话诈骗的知识，在社区劳动实践中践行"奉献、友爱、互助、进步"的志愿服务精神。

2.联络沟通

班、团干部要事先联系学校安全稳定保卫办公室（以下简称"安稳办"）、校团委（安全管理部门、志愿服务工作管理部门），汇报本次活动的目的、意义、安全预案，得到学校安稳办、校团委教师的同意、支持和帮助。

确定所要服务的社区及服务内容，与社区沟通联系，了解社区基本情况。

3.人员分工

根据表7-1安排活动任务。

表7-1　社区劳动实践活动分组分工表

组织设置	工作内容	岗位职责
领导小组	由团支书、班长、生活班长组成，团支书担任组长，班长、生活班长担任副组长。领导小组全面统筹社区劳动实践培训和安全工作	组长：起协调作用，落实安全保障等。副组长：活动培训、联系社区、活动总结等

组织设置		工作内容	岗位职责
工作小组	策划协调组	负责策划本次活动,包括向校团委进行工作报备和活动申请,征求班主任、全班学生的意见和建议,联系和协调相关工作,设计社区劳动实践活动方案、宣传方案等。领导小组成员要参与到本小组中	小组长:负责落实本组工作内容的执行、组员管理、组内分工、组间工作内容的协调。 组员:服从小组长管理,自觉遵守活动纪律,积极参与活动,在活动中团结协作
	外联组	开展社区沟通联系工作,了解社区基本情况,清理违规小广告的过程中可能会产生误解和冲突,提前和社区工作人员沟通,并协助做好疏导工作	
	实施组	以班级学习小组为单位划分实施小组(也可以5~6人自愿成组)。由学习组长担任小组长;各组负责人负责安排自己小组的具体工作,每组平均分配水桶、抹布、扫帚、垃圾袋等劳动工具	
	后勤物资组	组织全班学生讨论,充分收集意见和建议,根据活动方案做好预算。经费向校团委申请,或各组员自愿出资。要注意节约、朴素,注重环保,联系好公共交通,布置好活动场地,负责活动的收尾工作	
	安全保障组	向学校安稳办报备工作,并在学校安稳办的指导下拟定社区劳动实践活动安全事项承诺书,组织全班学生学习安全注意事项,负责开展活动过程中的安全隐患排查,及时发现、提醒、告诫、制止安全问题	
	宣传编辑组	及时撰写宣传稿件,组织主题班会,及时进行活动总结并进行介绍点评。将总结和简报报校团委教师审核、存档,报学校办公室进行宣传报道	

4.安全事项

(1)组织全班学生学习学校安全管理规定,学习记录留档备查。

(2)提前向学校管理部门报备活动策划方案、社区劳动实践活动分组分工表、社区劳动实践活动安全预案申报表(见表7-2),进一步明确组织安排、人员分工、活动流程和安全责任。拟定安全承诺书,每个学生签字后留存备查。

表7-2　社区劳动实践服务活动安全预案申报表

申报班级		部门负责人(签字)	
活动内容		活动地点	
活动时间		参与学生	
带队教师			

续表

申报班级		部门负责人(签字)	
活动安全预案			
分管部门意见			
分管副校长意见			
校长意见			

5.物资准备

(1)定制有学校和志愿者标志的文化衫,统一服装。

(2)准备好活动宣传横幅。

(3)准备好水桶、抹布、扫帚、垃圾袋等劳动工具。

(4)准备好摄影、摄像器材。

(5)准备好个人防护物资(消毒液、口罩、酒精)。

(6)规划交通路线,确定公共交通工具。

温馨提示:酒精是易燃易爆物品,一定要妥善保管。如果不小心把手弄伤,需要用酒精消毒时,必须把手上的伤口用流动的清水清洗干净、擦干,再用酒精消毒。酒精、消毒液和其他防护用品一定要分开存放,注意安全。

6.场地准备

活动场地准备根据社区实际情况灵活布置。活动前应与社区充分沟通,确定具体实施时间、活动方式和内容。

活动实施

1.精心准备和悉心落实

(1)参加活动的学生在教室或操场集合,整理仪容仪表,清点所有活动用品。班主任进行动员讲话,强调纪律、安全等注意事项。

(2)有序乘车前往社区。

(3)到达社区下车后,活动组长负责集合整队,集体行动,遵守活动纪律,确保活动有序进行。

(4)不随意触碰居民物品,不乱扔垃圾,不喧哗打闹,注意文明礼貌。

(5)根据与社区前期确定好的服务内容,开展以下服务活动。

① 妥善保管劳动工具,并把垃圾放在随身带的袋子里面。

② 清扫绿化带及周边卫生。

③ 认真清除墙面小广告、非法涂鸦。

④ 整修垃圾箱。

⑤ 清理楼道杂物。

⑥ 与社区居民合影留念。

(6)活动结束后,将垃圾全部带走,并归还劳动工具。

(7)活动组长负责集合整队,向社区居民道别,清点人数后乘车安全返回学校。

2.用心体会和反思总结

按小组制作本次社区劳动实践活动总结材料,召开社区劳动主题班会进行分组汇报。

(1)小组长组织本组学生展开讨论、自评、总结,并形成文字材料汇报。

(2)全体学生可对其他小组的总结发言进行评价和建议。

(3)班主任进行本次社区劳动实践活动总评。

(4)每个学生单独完成活动感悟。

(5)材料交学校德育管理部门存档。

活动体会

我的收获:＿＿＿＿＿＿＿＿＿＿＿＿＿＿＿＿＿＿＿＿＿＿＿＿＿＿

＿＿＿＿＿＿＿＿＿＿＿＿＿＿＿＿＿＿＿＿＿＿＿＿＿＿＿＿＿＿＿＿

＿＿＿＿＿＿＿＿＿＿＿＿＿＿＿＿＿＿＿＿＿＿＿＿＿＿＿＿＿＿＿＿

我的感悟:＿＿＿＿＿＿＿＿＿＿＿＿＿＿＿＿＿＿＿＿＿＿＿＿＿＿

＿＿＿＿＿＿＿＿＿＿＿＿＿＿＿＿＿＿＿＿＿＿＿＿＿＿＿＿＿＿＿＿

＿＿＿＿＿＿＿＿＿＿＿＿＿＿＿＿＿＿＿＿＿＿＿＿＿＿＿＿＿＿＿＿

改进措施:＿＿＿＿＿＿＿＿＿＿＿＿＿＿＿＿＿＿＿＿＿＿＿＿＿＿

＿＿＿＿＿＿＿＿＿＿＿＿＿＿＿＿＿＿＿＿＿＿＿＿＿＿＿＿＿＿＿＿

活动评价

根据表7-3进行活动评价。

表7-3　活动评价表

评价项目	评价主体		
	自我评价	小组评价	教师评价
劳动观念			
劳动意识			
劳动习惯			
劳动态度			
劳动情感			
劳动知识			
劳动技能			
劳动素养			

注:评价分为四个等级,A 为优秀,B 为良好,C 为合格,D 为不合格。

劳动体验:衣物捐赠

活动名称	
活动时间	
活动地点	
活动目标	1.熟悉衣物捐赠流程,培养学生的关爱之心,加强社会实践能力。 2.营造学生争学雷锋的氛围,构建学校的良好风气。 3.帮助学生树立甘于奉献、乐于付出的劳动观念
活动安全	1.活动过程中须对捐赠的衣物进行安全检查,要求必须健康、安全、卫生。 2.活动过程中不得追逐、打闹、拥挤、大声喧哗。 3.活动过程中注意自身安全
活动准备	1.由学校学生会形成初步的策划方案,并获得校方的支持。 2.由学生会成员向同学们传达此活动,并选择活动场地,确定活动所需桌凳的来源以及数量,方便进行摆放。 3.准备好活动横幅(据活动场地而定)、帐篷及展板,还有装衣服的大纸箱或编织袋(最少十个,可到校便利店借用或购买)。 4.在本次活动前三天由校广播站做滚动宣传,同时在食堂和公寓墙上张贴宣传海报。 5.打印登记捐赠衣物登记表,并准备捐赠留念卡片以奖励捐赠者
活动过程	1.学生会宣传部成员于活动当天9:30准时搭建活动帐篷、悬挂活动横幅、放置活动展板,为活动现场制造氛围。 2.学生会部长将成员分成两个小组进行交替值班,10:00开始收集衣物。 3.一人维持现场秩序,两人负责登记与发放捐赠留念卡片,两人负责收集整理。 4.活动结束后,登记表交由各部部长,将收集的衣物放到活动室。 5.由学生会劳动部成员在现场将桌凳等物品收好,并做好清洁卫生
活动分享	小组讨论交流衣物捐赠的心得
活动评价	自我评价:　　优秀□　　良好□　　合格□　　不合格□ 组长评价:　　优秀□　　良好□　　合格□　　不合格□ 活动方评价:　优秀□　　良好□　　合格□　　不合格□

拓展活动："专业对岗"劳动实践

　　纸上得来终觉浅,绝知此事要躬行。劳模精神的体悟需要在劳动实践活动中加深。为认真体悟新时代背景下劳模精神的意义与价值,培养学生向上向善的良好品德,引领大家见贤思齐、创新奋斗,在学习、生活中争当先进,结合班级具体情况,将专业技能与岗位对接,开展主题为"专业对岗"的劳动实践。

　　请结合本单元的学习内容,根据专业情况及个人兴趣爱好,利用学校专业实训基地开展一次完整的专业技能实训,并制作"专业对岗"劳动任务单,在活动中巩固学生对劳模精神内涵的认知,加深体悟,在实践中弘扬劳模精神。

劳动周/月

专题活动

　　大中小学每学年设立劳动周，采用专题讲座、主题演讲、劳动技能竞赛、劳动成果展示、劳动项目实践等形式进行。小学以校内为主，小学高年级可适当安排部分校外劳动；普通中学、职业院校和普通高等学校兼顾校内外，可在学年内或寒暑假安排，以集体劳动为主，由学校组织实施。

　　——2020年7月17日，《大中小学劳动教育指导纲要（试行）》

专题活动一　植　树　节

劳动实践活动一　班级植物角,体验种植快乐

活动目标	(1)通过活动,让学生从感情上认可劳动、尊重劳动,体验劳动的艰辛,感受劳动的快乐,培养珍惜劳动成果的习惯。 (2)通过活动,让学生在活动中真正动脑、动手、尝试、探究,在劳动中发现问题、解决问题,体验劳动与创造的乐趣,并掌握一定的劳作技能。 (3)通过活动,让学生掌握一定的种植知识
基础知识	植树节是按照法律规定宣传保护树木,并动员群众积极参加植树造林活动。植树节按时间长短分为植树日、植树周和植树月,共称为国际植树节。通过这种活动,可以激发人们爱林造林的热情,并意识到环保的重要性。 　　中国的植树节由凌道扬、韩安和裴义理等林学家于 1915 年倡议设立,最初将时间确定在每年的清明节。1928 年,国民政府为纪念孙中山逝世三周年,将植树节改为 3 月 12 日。1979 年,在邓小平的提议下,第五届全国人民代表大会常务委员会第六次会议决定将每年的 3 月 12 日定为我国的植树节。新修订的《中华人民共和国森林法》于 2020 年 7 月 1 日起施行,明确每年的 3 月 12 日为植树节
活动工具	洒水壶、铲子、铁锹等
活动时间	长期活动
参加人员	全班学生
活动设计	1.准备阶段 (1)全体学生自行准备花苗或花种子。 (2)从网上搜集相应植物的生活习性,制作成卡片。 (3)班级统一准备花盆、土壤、花肥、营养液、除虫剂等。 2.种植阶段 (1)每位同学将自己选择的花苗或花种种植在自己挑选的花盆中,并在花盆上粘上自己的姓名贴。 (2)按照教师的统一要求,将所有植物放在指定的植物角。 (3)按照植物习性,定时为植物浇水、施肥、拔草、除虫等。 (4)观察并记录植物的生长过程,将发芽、开花、结果等关键节点记录下来。 3.分享阶段 (1)教师根据花卉生长情况,定时在班会上举行分享说明会。 (2)对出现生长问题的花卉进行讨论和挽救行动。 (3)对长势好的花卉进行经验分享。 (4)由专人负责拍照,记录花卉生长情况

活动延伸	(1)将照片及活动记录制作成黑板报。 (2)撰写宣传文章,并投放到学校微信公众号或网站上
安全保护	(1)在整个活动过程中一定要注意安全,特别是在使用铁锹等金属劳动工具时。 (2)在使用工具过程中不要追逐打闹,以免误伤
活动感悟	(1) _____ _____ (2) _____ _____ (3) _____ _____ (4) _____ _____ (5) _____ _____

劳动实践活动二　植树节系列宣传活动

活动目标	以植树节为契机,开展"创绿、爱绿、护绿"创意实践体验系列活动。要求各班同学积极宣传、人人参与,将学习知识与劳动实践结合起来,增强环保意识
基础知识	植树造林对于环境保护和经济发展都有非常重要的作用。植被覆盖率低的地方每逢雨季就会有大量泥沙流入河里,使河床填高、入海口淤塞,危害极大。要防治水土流失,就必须植树造林,因为树木有像树冠那样庞大的根系,能像巨手一般牢牢抓住土壤,而被抓住的土壤中的水分又被树根不断地吸收储存。据统计,一亩(1 亩≈666.7 平方米)林地比无林地多蓄水 20 吨左右。植树造林可治理沙化耕地,控制水土流失,防风固沙,增加土壤蓄水能力,大大改善生态环境,减少洪涝灾害的损失,而且随着经济林陆续进入成熟期,产生的直接经济效益和间接经济效益巨大,还能提供大量的劳动和就业机会,促进当地经济可持续发展
活动工具	常用办公用品
活动时间	4 周

参加人员	全班学生
活动设计	1.环保知识竞答 (1)由全体学生自己搜集试题,组成一个试题库。 (2)每个班级按照每5人分组,每组派2名选手参与答题。 (3)竞赛分为抢答、必答和辩论三个环节。 (4)教师根据班级情况制定计分标准,最终评选出前三名。 2.系列设计活动 (1)将班级同学分成若干小组,分别负责海报制作、展板设计、黑板报设计、宣传栏张贴等。 (2)形成一期与"植树节"有关的主题展览,通过展览启发同学们。 3.植树节标语征集活动 (1)面向全体同学征集植树节宣传标语。 (2)每位同学可以提供3条宣传标语。 (3)全班同学进行投票选举,选出最佳的10条标语。 (4)将标语制作成条幅,悬挂在走廊、大厅、植树现场等,以营造氛围,启发思考。 4.植树节绘画、手工作品展 (1)面向全体学生征集与植树节有关的绘画作品、手工艺作品。 (2)全班同学投票,挑选出10~20幅优秀作品。 (3)在院系活动室或室外进行统一展览。 5.植树节专题讲座 (1)邀请园林专家、环保专家或公益人士进行主题讲座,主题围绕植树节、环境保护等。 (2)现场准备20份小礼品。 (3)现场进行知识问答,答对者可获得奖品。 (4)同学们针对此次讲座记录自己的体会和心得。 (5)利用班会进行心得体会分享
活动延伸	(1)将活动作品、照片进行存档。 (2)将有关活动的文章在班级群、微信公众号、学校网站上进行展示
安全保护	(1)在使用剪刀、切割刀等制作工具时注意安全。 (2)在知识竞赛现场,注意维持现场秩序,避免发生争执。 (3)在悬挂条幅过程中,要注意人身安全,防止坠落

活动感悟	(1)
	(2)
	(3)
	(4)
	(5)

专题活动二　五一国际劳动节

劳动实践活动一　美丽教学楼，全员大清扫

活动目标	(1)宣传人文校园活动理念，为全校师生提供一个干净整洁、温馨美好的教学和学习环境。 (2)激发学生自觉维护教学楼卫生的热情，培养学生公共卫生意识，承担共同建设、保护美丽教学楼的责任。 (3)在清扫活动中，感悟"劳动最光荣"的理念，提高大家的团结精神和奉献精神，增强学生的服务意识
基础知识	(1)教学楼是学生日常学习的主要场所，教学楼内环境的整洁性、舒适性对学生的身心健康及学习效率有很大的影响，创建整洁优美的教学环境是每个学生应尽的义务。 (2)教学楼的卫生打扫主要包括教室内外卫生的打扫，学生清扫活动主要指教室外公共区域的卫生打扫。 (3)教室外卫生区的清洁要达到"三净""四无"。"三净"即楼梯、楼道拖得净，扫得净，楼区内门窗、玻璃、墙裙、楼梯扶手及摆挂物件等擦得净；"四无"指无垃圾物(纸屑、果皮、烟头、食物及食品包装等)、无砖石块、无树叶等落物、无坑洼死角
活动工具	扫帚、垃圾袋、簸箕、垃圾桶、抹布、拖把、黑板擦等
活动时间	1周
参加人员	全体学生
活动设计	1.准备阶段 (1)线上宣传。利用微信公众号、线上通知等进行宣传，全面部署、广泛动员，充分调动在校学生的积极性。 (2)海报宣传。设计主题宣传海报，并张贴在教学楼、宿舍楼等处，呼吁在校学生积极参加。 (3)线下宣传。召开相关主题班会，在餐厅门口张贴条幅进行宣传报名。 2.启动阶段 (1)由学生自行组队并选出队长，在规定时间内上交报名表，队伍人数为5~7人。 (2)由相关部门统计报名表，并划分相关队伍负责区域及工作人员。将结果进行公示，公示期为1天，无异议后开始活动。 注：每支队伍的负责区域划分应根据人数及负责地点做到相对公正，校卫生保洁人员需公正且每支队伍配1人，并与队伍内人员互不相识。 3.实施阶段 (1)队伍内部自行选择卫生打扫时间，可在早上第一节课前、午休、晚饭时间或晚自习下课后进行打扫，每天至少打扫卫生两次且需校卫生保洁人员陪同。 (2)若活动期间有人请假，则需向校卫生保洁人员说明并由校卫生保洁人员做好记录。 (3)每次活动后，校卫生保洁人员进行打分(1~10分)并记录扣分原因。

续表

活动设计	4.总结阶段 （1）小组内成员每人写一份活动记录及劳动体会。 （2）校卫生保洁人员将本次活动请假记录及打分记录向组内成员进行公示并使双方意见达成一致,若过程中存在无法协调的问题,则请求活动主办方相关人员进行公证。 （3）各学院组织各组队长进行活动展示,通过 PPT 答辩进行相互学习,达到共同促进的目的
安全保护	（1）人身安全保护。劳动过程中禁止团队成员用器具打闹,以免误伤自己及他人,在进行擦窗户等危险劳动时应有人员陪同并注意自身安全。 （2）器具安全保护。如果有人员故意损坏器具,应照价赔偿并取消优秀个人评选资格;若器具因老旧等其他原因而损坏,应及时报备更换
考核评价	（1）优秀个人评选。活动中无不良记录的人员可参加优秀个人评选活动,由组内成员投票并参考校卫生保洁人员活动期间的相关记录。 （2）优秀团队评选。在院内进行小组间投票,并结合相关工作人员记录的工作时长及评分选出优秀团队
活动感悟	（1） （2） （3） （4） （5）

劳动实践活动二　整洁食堂,你我参与

活动目标	（1）使学生了解食堂卫生清洁的要求,掌握食堂卫生清洁的基本技能,获取食堂相关安全知识。 （2）通过在食堂进行卫生清洁活动,使学生体会劳动的不容易,自觉维护食堂的环境卫生,养成良好的卫生习惯。

活动目标	(3)让学生亲身体验劳动,使学生增强劳动技能,感受"劳动最光荣",自觉参与社会劳动,培养学生的劳动观念。 (4)在劳动过程中,对学生就餐中的浪费现象进行记录和反思,增强学生的节约意识,使学生养成勤俭节约的好习惯
基础知识	(1)食堂是学生就餐的主要场所,也是学生进行交往、活动、休闲和娱乐的地方。良好的食堂卫生环境是保证广大师生饮食安全的根本保障,也是学生日常生活的必要环节。 (2)食堂卫生清洁主要包括环境、用具、服务桌、备餐室及餐厅等公共区域的卫生清洁。 (3)学生的食堂卫生清洁活动主要是食堂环境卫生的清洁,包括食堂的地面、桌面、墙壁、天花板等
活动工具	1.基本工具 垃圾袋、洗洁精、刷碗布、扫帚、簸箕、抹布、拖把、垃圾桶等。 2.工具管理 (1)每位劳动参与者应每日填写"工具领取表",由工具统计员发放工具,在每日劳动活动结束后登记归还。 (2)劳动参与者严禁故意破坏劳动工具。 (3)无特殊情况,劳动参与者不得将劳动工具带出劳动场所或丢弃劳动工具。 (4)在劳动过程中,若发现劳动工具出现老化损坏、缺失等异常情况,应及时向相关负责人反映
活动时间	1周
参加人员	全体学生
活动设计	1.前期安排 本次活动的主题为食堂卫生清洁,广大学生进行线上报名,填写个人信息表格,核实后可正式成为食堂卫生清洁活动志愿者。志愿者在活动过程中应签署保证书,认真遵循学校的各项计划,听从相关负责人的安排。 主办方应按照志愿者的课表安排本次食堂卫生清洁活动时间。主办方应安排各项任务的专门负责人,将负责人的任务细则化,使每个活动志愿者在遇到问题时能够及时、准确地找到相关负责人进行解决,并且在活动各项任务方案都得到完善之后主持召开全体会议,向每位志愿者讲解此次活动的主题和目的,使他们能够充分学习这次劳动活动的主旨,将各项安全措施进行详细讲解,使每位志愿者重视自己在志愿活动中的人身安全。 2.进行活动 每位志愿者根据自己的值班表进行活动,活动为期一个月。其间,每位志愿者根据课表前往餐厅进行卫生清洁,时间为学生就餐前半小时,卫生标准根据前期制定的卫生劳动准则进行衡量,活动中采取拍照片或录视频的方式,将每日的值日情况进行记录,并提交给相关负责人
安全保护	相关部门应规定食堂卫生清洁活动中各个项目的操作程序和安全流程,并制定必要的安全检查制度与措施。 (1)在活动进行前,相关部门应组织活动参与者进行食堂内部参观,使活动参与者充分了解食堂卫生清洁的相关步骤、卫生标准及安全隐患排查措施。 (2)相关部门应制定合理的劳动时间规划和安排,避免某些参与者劳动时间过密而导致过分疲劳,在劳动过程中应切实对学生进行安全教育,要求学生树立劳动安全意识和自我保护意识。 (3)成立安全联络小组,对劳动参与者的个人信息进行准确核实,每日进行安全信息汇总

考核评价	考核评价严格按照公平公正原则。确定食堂劳动考核小组,人员组成应包括学校领导、食堂工作人员、学生会成员等。考核采取累积分数法,前期设置积分系统,在每日活动结束后,符合各项标准的由考核小组给予基本分,对每日累计分数排名进行更新,督促每位劳动志愿者的工作;在每期活动结束后进行表彰活动,颁发相应奖项,并安排劳动突出志愿者分享劳动心得等。每位劳动志愿者除故意违反劳动纪律等情况外,均可获得劳动证书及实践证明
活动感悟	(1) _____ _____ (2) _____ _____ (3) _____ _____ (4) _____ _____ (5) _____ _____

专题活动三　志　愿　者　日

劳动实践活动一　走进养老院，践行劳动精神

活动目标	(1)在劳动活动中学会互帮互助、团结合作和共同进步。 (2)锻炼学生参与劳动活动的能力，培养学生的合作探究能力和与人交往沟通的能力。 (3)培养学生的社会责任感和团队精神，增强学生服务他人、服务社会的意识。 (4)宣传弘扬劳模精神
基础知识	(1)养老院是为老人提供养老服务的组织，又称敬老院。养老院的收养对象主要是五保老人，有条件的养老院还接收享受退休金的自费老人。 (2)近年来，随着老龄化社会趋势的日益加剧，选择入住养老院的老人逐年增多，他们渴望得到更周到的生活照料和更细致的心理关怀。 (3)百善孝为先。尊老、敬老、爱老是中华民族的传统美德。学生走进养老院进行服务劳动，有利于培养当代学生的社会公德，弘扬中华民族敬老爱老的优良传统
活动工具	计算机、投影仪、扫把、拖把、抹布、晾衣架、相关运动器材
活动时间	2周
参加人员	全体学生
活动设计	1.准备阶段 (1)宣传发动。举行一次以"走进养老院，践行劳动精神"为主题的动员课，让学生了解此次实践活动的目的、内容及意义。 (2)组织多种形式的宣传活动，充分调动学生参与活动的积极性。 2.启动阶段 (1)成立各劳动实践小组，各组讨论活动方案、相关知识准备，以及活动时间、活动地点、成员分工等内容。 (2)预设活动结果，激发各小组成员参与活动的主动性与积极性。 3.实施阶段 该活动包括以下三个环节。 (1)防骗知识宣讲。针对老人容易上当受骗现象进行防骗知识宣讲，提醒老人识别最常见的电信诈骗、邮包诈骗、冒充燃气公司等工作人员诈骗、冒用亲友身份诈骗等多种犯罪手段，提高老人的警惕性，谨防受骗。 (2)开展老人运动会。选择娱乐性较强、危险性较低的项目，如沙包掷准、钓瓶、推铁环、保龄球和夹球等活动，倡导健康生活方式，丰富老人的精神文化生活。 (3)帮老人打扫卫生。在活动结束前，帮助老人打扫室内卫生。

活动设计	4.总结阶段 (1)各小组汇总各个组员在活动期间记录的实践日记、拍摄的照片等。 (2)写出此次实践活动的体会和总结。 (3)回忆实践过程,反思不足之处,以便在今后的实践活动中加以改进。 (4)设计"实践归来话成就"主题活动课,各实践小组将自己的实践过程通过 PPT 展示出来,向同学们展示实践风采、实践成果,并总结实践经验,为下一次实践活动的开展做好动员工作
安全保护	1.乘车安全 (1)去养老院途中遇到汽车抛锚等意外事故需要及时和学校领导取得联系,并汇报相关情况。 (2)在乘车过程中严禁将头、手等伸出窗外。 (3)晕车的学生事前准备好药品以备不时之需,储备充足的饮用水,及时补充水分。 (4)乘坐正规公交车或出租车,避免发生交通事故。 2.人身安全 出行前安排活动负责人,由活动负责人统一组织,做到行动一致,防止有同学掉队或离队
考核评价	(1)组内评价。各小组在组内对此次活动进行自我评价、成员间互相评价,各组评选出实践活动中表现最优秀的同学。 (2)实践评价。制定评价表并交给实践地的工作人员,让他们对各小组的此次实践活动进行评价。对各小组的评价设置等级,评价等级高的小组可参与优秀实践团队评选。 (3)学校评价。将实践报告汇总后上交给学校领导,由学校领导选出优秀实践报告进行评价。 (4)综合评价。综合组内评价、实践评价和学校评价,选出优秀个人和优秀团体进行表彰
活动感悟	(1) (2) (3) (4) (5)

劳动实践活动二　参与社区服务,感受劳动精神

活动目标	(1)走入社区,增进对社区的了解与认识,理解个体与社区的关系。 (2)关心社会现实,主动探究社会问题,积极参与力所能及的社区服务活动,服务社会,发展社会实践能力。 (3)认识社区服务及其相关流程,端正劳动态度,养成良好的劳动习惯。 (4)遵守社会行为规范,培养社会交往能力,关心他人,关心社会,具有服务社会的意识和对社会负责的态度。
基础知识	(1)社区服务是指政府、社区居委会及数字社区等其他各方面力量直接为社区成员提供的公共服务和其他物质、文化、生活等方面的服务。 (2)社区服务主要包括:面向群众的便民利民服务,面向特殊群体的社会救助、社会福利和优抚保障服务,面向下岗失业人员的再就业服务和社会保障服务。 (3)社区服务的内容极其丰富,充分利用社区服务的广阔平台是学生实践与锻炼的一个天然的良好途径
活动工具	扫帚、拖把、抹布、垃圾袋、笔、笔记本、小型麦克风
活动时间	4 周
参加人员	全体学生
活动设计	1.前期宣传 组织发动以"参与社区服务,感受劳动精神"为主题的活动课,让学生了解此次活动的目的、内容及意义,让学生更好地融入社区、了解社区、服务社区,增进对社会的了解,把握个体与社会的关系,使自己未来更容易融入社会。 2.成立小组 在活动前成立各个小组,确立各小组组长。各小组及时讨论并研究出具体的行动方案,明确各个成员的任务,做到行动明确、迅速,展现当代学生的精神。 3.具体活动形式 (1)小区访谈。该活动由一组成员全权负责,针对社区各个年龄段人群做抽样调查,询问不同年龄段人的最迫切需要的社区服务项目,调查人员做好记录并向社区负责人及时反映,使问题尽早让社区负责人知道并及时得到处理。 (2)温暖献爱心。该活动针对社区的空巢老人及留守儿童。学生走进社区,走进他们的心中,为他们送去一丝温暖。此项活动不限人数,让学生真正走进空巢老人家中,与他们面对面交谈,与留守儿童做游戏,尽自己的绵薄之力为他们清扫家中杂物,使空巢老人及留守儿童感受来自学生的温暖。 (3)社区劳动。此活动不限人数,意在走进社区、服务社区和劳动社区,在社区的角角落落留下自己忙碌的身影。学生们清扫街边,拖抹公共区域,为社区美化贡献自己的一份力量。 4.活动总结 活动结束后,全体同学开展"劳动社区心得体会"共享课。每名参与活动的成员都可以分享此次活动的心得体会,并把此次心得体会整理成文字稿件,上传到学校的微信公众号上。在分享此次活动心得的同时,要找出此次活动的不足之处,以便在以后的实践活动中不断提升自己

安全保护	（1）乘车安全。做到上、下车安全有序，不拥不挤。在乘车途中遵守乘车秩序，不将身体任一部位伸出车外。 （2）人身安全。各小组组长要求落实到位，统一组织，防止有同学掉队或离队。储备医疗包一个，以备不时之需
考核评价	活动参与者将自己的活动照片及心得体会做成一份实践报告。每个小组做一份整体的实践报告并上交组织，经组织筛选后上交学校，由学校选出优秀个人及优秀团体，给予证书奖励，以此鼓励更多的学生参与社区服务实践活动
活动感悟	（1）_____ （2）_____ （3）_____ （4）_____ （5）_____

参 考 文 献

[1] 张汝山.中职生劳动教育读本[M].成都:西南财经大学出版社,2021.

[2] 雷鸣,勾俊,马永玲.中职生劳动教育[M].北京:中国人民大学出版社,2023.

[3] 毛翠丽,侯银海,李明.中职生劳动教育教程[M].北京:中国民主法制出版社,2021.

[4] 高瑜.中职生劳动教育[M].北京:北京理工大学出版社有限责任公司,2023.

[5] 韦杰梅,薛光.劳动教育理论与实践教程[M].北京:教育科学出版社,2021.

[6] 潘维琴,王忠诚.劳动教育与实践[M].北京:机械工业出版社,2021.

[7] 石国伟,吴青松,杜迎.新时代劳动教育实践教程[M].延吉:延边大学出版社,2020.

[8] 胡承雄,罗瑞,张正鹏.劳动教育实践教程[M].长沙:湖南大学出版社,2022.

[9] 田俊,胡婧欣.中职生劳动教育实践教程[M].长沙:湖南科学技术出版社,2024.

[10] 王维钢,马莉,陈磊.劳动教育[M].延吉:延边大学出版社,2023.

[11] 蔡沐禅,左玉卓,裴铁飞.新时代劳动教育实践教程[M].郑州:郑州大学出版社,2021.

[12] 苏冠华,王俊杰.劳动教育实践手册[M].北京:国家开放大学出版社,2023.

[13] 李琦,鲍鹏,刘强.劳动教育实践活动手册[M].北京:电子工业出版社,2020.

[14] 刘第,张攀,文华.中职生劳动教育[M].北京:中国人民大学出版社,2021.

[15] 黄旭东,宫晓波,刘爽.中职生劳动教育[M].北京:北京教育出版社,2023.